世界を動かすアブローダーズ

日本を飛び出し、海外で活躍するビジネスパーソンたち

The business persons who play an active part overseas

アブローダーズ事務局
事務局長
西澤亮一（監）

ダイヤモンド社

はじめに

10年後、20年後、あなたはどこで働いているでしょうか——。

この本のタイトルにもなっているアブローダーズ（ABROADERS）とは、海外を意味する「ABROAD」と、人を表す「ER」を繋げた造語で、海外に目を向けてあくなき挑戦をしている人々全般を表しています。

少し紹介をさせていただくと、私が経営している株式会社ネオキャリアは設立15年目の人材サービス企業です。大学を卒業し、今の会社を設立しました。

最初は渋谷の雑居ビルでスタートをし、程なく赤坂に移転をしました。初めて大阪に出張に行った際、当時のメンバーと「いずれ大阪や名古屋、全国に拠点ができる時代が来るはず」と話していたのを覚えています。正直言って、その時は海外でこのようにビジネスをすることになるとは夢にも思いませんでした。

２００８年９月、世界中に経済危機が訪れました。弊社も同様に経営危機を経験し、その頃から少しずつ、日本だけでビジネスを行うことのリスクを感じ始め、いずれは海外展開にも着手しなければならないと考えていました。

そして、勇気を持って決断をしたのが2012年4月。私が社会に出て13年目の春でした。

アジアマーケットを代表するサービスカンパニーを創るというビジョンのもと、海外事業を展開。海外ブランド名をREERACOEN（社名のNEOCAREERのスペルを逆読みしたもの）と定め、まさに死に物狂いで海外ビジネスの立ち上げに取り掛かりました。

『Make a mark, Boldly go, Determination（次代を創るために、果敢な挑戦をし、不退転の覚悟で成し遂げる）』

それからというもの、このようなスローガンを掲げ、ここで失敗をしたら私たちに未来はないという強い決意を持って、取り組んできました。まだまだ道半ばであり、成功と呼ぶには程遠い状態ではありますが、現在では8ヵ国11拠点まで事業が拡がりました。

ここに至るまでの間、私自身も直接現地に出向いては、さまざまな方々と交流してきました。そんな中、これだけたくさんの優秀な日本人が未開の地で海外ビジネスにチャレンジしている姿を日本にいる人々に伝えたい、一人ひとりが自分のキャリアを日本だけではなく、世界という舞台で活かせることを身近に感じてほしい――。こうした思いが日増しに強くなっていったのです。

そして2014年10月にABROADERSを設立。ここに、海外で活躍する日本人を増やし、日本を元気にする活動を続けていく決意を固めました。

日本は中長期的には少子高齢化というトレンドの中、自国内だけで経済を伸ばしていくのは難しい時代に入っています。そんな逆境をバネに、すでに多くの日本企業が海外ビジネスの成功によって大きく業績を伸ばしています。そしてそのトレンドは大手から中小ベンチャー企業へ、さらには多くの個人へと広がっています。もうこの流れは誰にも止められないのです。

私たちABROADERSでは海外で活躍する日本人を紹介し、次世代のアブローダーズへと啓蒙するためのウェブメディアを複数運営しているのですが、この本ではその中でも特に象徴的な存在といえる方々を取り上げています。

人選には、海外で活躍中のアブローダーズや国内外のビジネスパーソンの方々に行った「あなたが推薦する最も優れたアブローダーズは誰か?」というアンケート調査を実施し、その投票結果を踏まえて今回の25人が決定しました。

加えて、SPECIAL INTERVIEWとして、特定非営利活動法人ジャパンハートの代表吉岡秀人先生にもお話しを伺うことができました。

こうしてこの本に登場する26人には、現地に自ら移り住んでいる経営者や日本を拠点に海外展開を図っている経営者、または企業に所属しているビジネスパーソンなど、業種・ビジネスモデル・企業規模・強み・性別など、バラエティ豊かな顔ぶれが揃いました。ただし、すべての方々は「本気で海外ビジネスに挑んでいる」という点では共通していることは言うまでもありません。

この本がきっかけとなり、また新たなアブローダーズが続々と誕生することになれば、これに勝る喜びはありません。また、この本を手に取っていただいた皆様の人生において何かの気づきとなり、ひとりでも多くの日本人が世界各国で活躍するきっかけになれば幸いです。

２０１５年５月

ＡＢＲＯＡＤＥＲＳ事務局
事務局長　西澤 亮一

世界を動かすアブローダーズ

日本を飛び出し、海外で活躍するビジネスパーソンたち

はじめに 003

SPECIAL INTERVIEW
吉岡秀人 特定非営利活動法人ジャパンハート
これからの時代、日本にへばりつく必要はない 014

久保田勝美 FAST RETAILING PHILIPPINES, INC.
モノではなく自分たちの価値観を売るという醍醐味 032

佐藤ひろこ Infopot.Inc
自分に合う場所で生きるって大事 042

CONTENTS

西山七穂 ギークス株式会社
国が変わると大きく変わる、求められるスキルの違い 052

岡田兵吾 マイクロソフト シンガポール
リーゼントヘアでソーシャル・チェンジを目指せ 062

渡邊智美 ポーターズ株式会社
クロスボーダー人材ビジネスで世界を変える 072

藤田裕司 ENZAN (ASIA) PTE. LTD.
世界中にトンネルを掘り、人と人を繋ぎたい 082

猪塚武 A2A TOWN (Cambodia) Co.,Ltd
森の中の舗装路から始まった都市を作るという大実験 092

鳴海貴紀 Creative Diamond Links Co., LTD.
求職者の目線でカンボジアの人々に仕事を紹介する 102

薛悠司 EVOLABLE ASIA Co., Ltd.
東南アジアから世界を代表する企業を作る 112

長浜みぎわ ICONIC co., ltd
公私にわたるパートナーとそれぞれの夢を追う 122

加瀬由美子 ASIA HERB ASSOCIATION CO., LTD.
向かい風、それは飛び立つための風 132

長谷川卓生 JEDUCATION
海外には社会に貢献できる仕事がごろごろしている 142

CONTENTS

丸山真司　RAJAH & TANN (THAILAND) LIMITED
弁護士としてアジアの日系企業の利益を守る　152

鈴木梢一郎　ベネフィット・ワン上海
上海で自分の力を試すチャンス　162

島原慶将　上海天家餐飲管理有限公司
海外に行くなら途中下車無効と覚悟せよ　172

中村けん牛　プライム・ストラテジー株式会社
日本で培った戦略を武器に、海外再進出に成功　182

山田奈津子　株式会社トキオ・ゲッツ
海外にいたら、自分が動かないと何も始まらない　192

CONTENTS

インタビュアー／垣畑光哉
写真／髙橋亘
ヘアメイク／長田恵子 渡邉文
編集協力／岸本明子 福岡真理子
梶本愛貴 小沼朝生
濱田真里 野崎奈美
椛田悠子

SPECIAL INTERVIEW

吉岡 秀人

特定非営利活動法人ジャパンハート
代表・医師

Hideto Yoshioka

1965年、大阪府生まれ。大分大学医学部卒。大学卒業後、大阪、神奈川の救急病院などで勤務の後、1995年から1997年までミャンマーで活動。その後、岡山病院小児外科、川崎医科大学小児外科講師などを経て、2003年から再びミャンマーで医療活動を再開。2004年、国際医療ボランティア団体「ジャパンハート」を設立。ミャンマー、カンボジア、ラオス、インドネシア、日本で医療支援活動を行う。 海外では手術、診察など医療活動、医師・看護師育成事業、視覚障害者自立支援活動、エイズや貧困で人身売買の危険にさらされている子どもたちの養育施設「DreamTrain」の運営などを行う。国内では医療者の不足が深刻な離島や僻地への医療人材支援、小児ガンと闘う子どもを応援する「すまいるスマイルプロジェクト」などを行う。

CONTACT
〒110-0016
東京都台東区台東1-33-6　セントオフィス秋葉原10階
03-6240-1564
http://www.japanheart.org/

これからの時代、日本にへばりつく必要はない

過去の純粋な自分の夢を叶える

なぜ私が海外に出たのかといえば、海外には日本より圧倒的に貧しく、医療を受けられない人がたくさんいるからです。日本には地方のように相対的な医療過疎が存在しますが、海外には絶対的な医療過疎が存在するのです。

また、日本では建前として、医療を受けられない人は一人もいません。しかし、貧しい国では病院が近くにあっても、お金がなければ診てもらえない。

10代の時から、どうせ医師になるなら、絶対的な医療過疎の地で働きたいと思っていました。私が存在しなければ、医療を受けられない人たちのところで働くと決めたのです。

そして、30歳で初めて実際に海外医療に携わりました。10代の自分の夢を、30歳の自分が叶えたのです。

今、私のところには、医師や看護師など年間約500人の医療従事者がやってきます。「ずっとこういう事をやりたくて、ようやく来られました」という人がとても多い。

もちろん、不安を抱えつつやって来る人もたくさんいます。

多くの人たちは「勇気がない」「お金がない」「人間関係や勤務が調整できない」など、さまざまな理由を見つけて行動を起こしません。

そういう人たちに私は、「若い頃にやりたいと思った夢を、今のあなた方は裏切っている」と指摘します。「今よりもっと純粋だった頃の自分の夢を、今の自分は叶えられるのになぜ叶えてあげないのか」と。

自分の人生を裏切る人に、人生は応えてくれないのです。

ですから、私を訪ねてくる人たちに「過去の自分の夢をまず叶えてあげることが一番ではないのか？」と問いかけ続けています。


海外の貧困に関する報道や映像に触れた時、誰もがかわいそうだと思うでしょう。私が国際医療を目指したのは、そうした誰もが経験したトリガー（感情のスイッチ）を、自分の中に持ち続けたからです。

同じトリガーを経験しても、やがて忘れていってしまう人が大勢いる中で、私は忘れなかった。しかし、それは人間性の優劣とは関係ありません。そこに才能があったかどうかだけです。

どこで何をするかは問題ではなく、また仕事の職種に良いも悪いもありません。皆が自らの才能に適した場所へ向かうのです。私の場合は、それが国際医療だった。それが私の個性に合っていたのです。

ただし、縁があって今の場所にいても、手を抜いたり、いい加減にしたりしている人は問題です。

どんな職種であろうとも、今この一瞬に向き合っている人は立派だと思います。反対に、今現在に力を抜いている人は、何をしていようと評価できません。

もしも今、自分がいる場所で手を抜いていたら、本当の自分の才能にたどり着けない可能性もあります。目指している場所に辿り着いてみて初めて、向かうべきは別の才能だったと気づくことすらあるのです。しかし、その手前(現在)で手を抜いてさぼっていたなら、その人はもうそれより先には行けなくなります。

人生が何回もやり直せるなら、それでも構わないかもしれません。しかし、人生は一回限りです。今日と同じ日はありません。今現在に手を抜く人は、非常にもったいない人生を送っていると思います。

自分の人生に対して宣言しておく

私が30歳で初めて国際医療に赴くことになった国は、ミャンマーでした。第二次世界大戦時、ミャンマーには約30万人の日本兵が上陸し、そのうち20万人近くが亡くなっています。その遺族の皆さんが毎年慰霊のためにミャンマーを訪れていて、終戦から50年目の1995年に、「ミャンマーの人たちを助けてほしい」と私に声をかけてくれたのです。

当時のミャンマーはアジア最貧国だったので、その話を受けた時、私は「時が来た」と感じました。お話しした通り、「将来は絶対的な医療過疎の地で働く」と、ずっと自分の人生に対して宣言してきたからです。

しかし、当時の日本にはまだ、年単位で国際医療に従事している人はほとんどおらず、それを選択するのはすべてを捨てることと同義だとみなされていた時代です。国際医療に長期間出かけたりしたら、現職を辞さなければならないし、結婚もできなくなる。収入が途絶えるうえに、帰国しても再就職は非常に難しいと言われていました。

それでも、私は日本で医師として働くために医学部を目指したわけではないので、気持ちが揺らぐことはなく、「自分の思いを果たさなければならない」という信念にも似た思いでミャンマー行きを決意しました。

この時の経験から思うのは、やはり自分の人生に対して宣言しておくことの大切さです。「私はこういうことをします」と宣言しながら生きていれば、いざ時が来たら覚悟を決められますし、周囲も理解してくれます。私がミャンマーに行く話をした時も、両親は何も言いませんでした。上司である教授は「行け」と言ってくれました。そして、帰国後に職にあぶれることもなく、結婚もできたのです。

人間は一度覚悟を決めてしまうと、とても澄んだ心持ちになります。ミャンマー行きを決めても心に波風が立つことはなく、ごく自然でいられました。きっと特攻機に乗り込んだ人たちも、同じだったのではないかと思います。覚悟さえ決めてしまえば、たとえ足が震えたとしても、恐怖に苛まれたりはしません。

最初にミャンマーを訪れて以来、慰霊碑に刻まれた無数の名前の前に何度も立って考えたものです。この人たちはどんな思いで戦ったのか、そして最期は何を望んで死んでいったのかと。この国で亡くなった20万人弱の若者たち。彼らの思いを、もしも一つにまとめたとしたら、それはどのような思いになるのだろうか。

私の中にふっと浮かんだ答えは、「日本のことをよろしく」というメッセージでした。

それ以来、私は私なりの立場で日本のために何ができるかということを、ずっと考えてきました。だから、日本で立派な後進を育て、世界的な組織を作っていくということに取り組んできたのです。

私が死んだ時には、ミャンマーで亡くなった彼らに対して「私は皆さんの声を受け取ってこういうことをしました」と報告したい。ずっとそういう思いで取り組んでいます。

自分のための苦労を迎え撃て

一生懸命生きていたら、人は苦労するものです。私も海外に出たから特別に苦労しているとは思いません。日本で医師として勤めていても、やはりいろいろな苦労がありました。

大事なポイントは、苦労は自分のためにするものだということです。

「海外で人助けをしたい」とやって来た人たちに、望み通りどんどん人助けをさせていると、いつしか「しんどい」と文句を言い出す。その時、私は「全部自分のためにやっていることではないのか？」とその人に問います。人助けを望んでいて、それが次々と実現した現在はとても幸せなはずなのに、なぜ文句ばかり言うのかと。

それは、その人が勘違いしているからです。

本当は、自分が海外で人助けをすることで評価されたい、認められたい。そして何より、自分自身がそういう価値ある人間だと認識したいと思っているのに、本人はそれを自覚したがらない。代わりに「人のため、人のため」と勘違いしている。それでは疲れてしまいます。

他人のための苦労は、長続きしません。1年頑張れたらいい方です。でも、「自分のためだ」と気づけば、どんな面倒も引き受けられる。その結果、他人から褒められたり評価されたりすればうれしい。

私は早い段階でこれを自覚しました。そして、すべては自分のためだと納得しました。だから苦労も、自分の中では腑に落ちているのです。

ただ最近、「私はまだ、苦労を迎え撃つところまでは行っていなかった」と気づきました。「できれば苦労したくない」という気持ちは誰にでもあります。私も以前はそうでした。しかし、最近になって「人生とは自分から苦労を迎え撃っていくことが大切だ」と思うようになったのです。

自分が戦っている相手というのは、実は未来の自分です。未来の自分は、現在の自分より成長し確実に能力が高い。そのイメージに向かって闘わねばならない場面で、「でもこれは守りたい」「やっぱりお金は欲しい」「地位も欲しい」などという邪念を見せたなら、その瞬間に斬られて負けてしまいます。向かいたい未来の自分には、一歩も近づけません。

そう思うようになってからは、ここぞという時には「身を捨ててこそ浮かぶ瀬もあれ」(何事も捨て身の覚悟で取り組めば、活路を見出せる)という心境になっています。

自分が向かう「未来」という相手に本気で勝ちたいなら、本気でその「未来」を実現したいなら、捨て身で行くことです。全力で中央突破です。

このことに気づいたきっかけは、実はたわいもないことで、インターンに来たばかりの女性が、私のことを『海賊とよばれた男』（講談社文庫）の主人公にとてもよく似ていると言ったのです。彼女はそれが理由で、ジャパンハートへインターンに来たということでした。

興味が湧いたのでその本を読んでみたところ、彼女が私に重なると言っていた主人公とは、出光の創業者、出光佐三でした。そして読後、「私は出光佐三に完全に負けている！」と痛切に感じました。

彼と私との間にある決定的な差とは何か、何が違うのかと考えてみると、それは「苦労（やらねばならないこと）を引き受ける覚悟」。それこそが、今までの自分に足りないものでした。

自分のこれまでの人生を振り返ってみると、苦労に背を向けてきたことが確かにある。そう反省したのです。

私はもう50歳です。先は知れていますが、これからも苦労に背を見せながら生きていくのか、それとも正面突破を仕掛けて斬られながらも前へ進んでいくのか、その差は大きいと気づきました。

もちろん、他人とやりとりをする時は、いろいろと策を弄することもできます。しかし、自分の人生で自分を騙すことはできません。

例えば、ある女性と結婚したいのに、その思いをごまかして生きていたとしても、自分の本心はごまかせません。他人はごまかせても、「この人と結婚したい」という思いはなくなりません。それなら、たとえ玉砕しても「結婚したい」と言った方がいいに決まっている。そうするしかない。自分の人生だからごまかせないし、正面突破しかないのです。

そうやって自分の姿勢を切り替えてから、明らかに変わったことがあります。それは決断のスピードがさらに短くなり、人生がすごいスピードで回転し始めたということです。

人は決断に時間をかけるものです。現在、ジャパンハートの活動でミャンマーに来ている人たちは、「国際医療の現場に行きたい」と思ってから実際にやって来るまでに、だいたい約2年かかっています。

「行きたい」と考えてから実行を2年先延ばしにすれば、2年間も今日と同じ境遇を生きなければなりません。結局、現場に来るならば、もっと早く決断した方が絶対に多くのものを得る。今日「行きたい」と思ったなら、1ヵ月後に来ることだって可能です。

早く決断するようになり、人生の回転スピードが加速してから、考えることがあります。

もしもこれを10代から始めていたとしたら、私は今どのような世界に生きていただろうかと。なぜ自分は、50歳を目前にして今頃このことに気づいてしまったのだろうかと。

このことにもっと早く、今から15年前、せめて10年前に気づいていたら、いったいどのような人生になっていたのだろうかと本気で思うのです。

もちろん、早く決断するのは怖いものです。時速40キロで運転していた車を、いきなり100キロで走らせたら怖いのと同じです。

実際、速度を上げて走り出してみると、すべてがものすごいスピードで過ぎていきます。当然、何らかの事故が起きる確率も高くなるでしょう。

しかし、本物の自動車事故と違って、死ぬことはまずありません。リプレイボタンを押せば再スタートできます。そういう意味においては、人生はやり直しが利くことが多いのです。

ですから、私はこのスピード感を大切にしています。そうしないと、時間がもったいない。もっと先に行けるのに、行けなくなってしまいます。

多くの人が、理性をブレーキとして活用しています。スピードが出てくると、一生懸命に理性という名のブレーキを踏むのです。

人間は一生に何度も、衝動的な心の声を聞く場面があります。「この女性と結婚したい」「このビジネスは絶対にやるべきだ」といった声です。つまり、直感の声です。

私にとって直感とはただの勘ではないし、第六感でもありません。「全脳の声」だと考えています。

理性の声は、左脳から来ます。つまり知識の声です。そして、知識とは自分以外の人たちの経験則をベースに作り上げたものです。

一方、直感の声は自分の脳すべてから来ます。この世に生まれたばかりの赤ちゃんの頃から積み重ねたいろいろな経験や、多くの知識を取り込んで形成してきた自分の全脳（右脳＋左脳）から来るのです。すなわち、これまでの人生すべてを懸けてバンと弾き出した答えが、直感の声＝全脳の声だと私は信じています。

直感あるいは全脳の声が、正しいかどうかは分かりません。ただ少なくとも現時点では、自分の中からそれ以上の答えは出ません。将来はまた違うかもしれませんが、今はそれがベストの答えです。

その自分の最善の答えを、自分で信じられるかどうかが分かれ道です。

たとえば、「あの山の頂上に行きたい」と思った時に、多くの人は理性をブレーキに使います。どれだけ険しい道のりか、どんな不都合があるか。行くのをやめるための理由を列挙します。つまり、出すべき結論を、出せないように止めているのです。

私は、理性の本来の使い方はこれではないと思います。

私の経験上、自分の直感の声を信じて生きていった方が、理性の声に支配されて生きるよりも、遥かに幸せになれるからです。

「頂上に行きたい」と思うならば、行かなければいけない。結論は最初に出します。そうやって直感＝全脳からの結論ありきで始め、「それでは、行くためには何が必要か」「何を解決しなければならないのか」と考えるのが、本当の理性の使い方です。

すなわち、理性はブレーキではなく、前進するためのギアチェンジのような役目なのです。

結果として、それが成功するとは限りません。しかし、まずは直感で結論を決め、そこから落とし込んで達成するための要件を考える。そして、そこに知識なり時間なりを使うのが正しい理性の使い方だと思います。

日本人は海外に出て、ハイクオリティの証となれ

最初にミャンマーを訪れて以来、私は日本の歴史の過去と未来が、自分の中で繋がりました。そして、アジアを回りながら、これからの世界について考えてきました。これからの20年間で、アジアに何が起きると考えているか、私の考えをお話ししましょう。

まず、今後10年程度で中国の勢いは落ちていくでしょう。国内に不安定な要素が多いため、世界にとってはリスクが高く、思い切り踏み込めない状態となるはずです。

東南アジアの経済勃興は、すでに確実です。これからアジア全体の富裕層・中間層は20億人増え、消費を支えると言われています。その最初の大きな拠点は、ASEANです。この状態は、少なくとも20年は続くでしょう。

次にインドが勃興し、2050年には世界最大の強国になります。経済だけでなく軍事的にも世界最大の強国です。インドの時代は100年くらい続きそうです。

極端な言い方をすれば、アジアには朝鮮半島と中国以外にリスクがありません。ASEAN諸国は経済圏として統一されようとしており、戦争は起こり得ない。大きな戦争がこの地域で起こらない限り、経済的な発展は続くはずです。しかも、この時代が100年以上にわたって続く可能性も十分にあります。

日本とアジアの経済格差は縮小し、均衡が取れてきます。一方、日本は少子高齢化がさらに進みます。日本を発展させていこうとするなら、取るべき戦略は一つしかありません。自らアジアに取り込まれることです。それが唯一、日本が発展し続ける方法です。

今後の日本の政策で障害が取り除かれ、アジア各国との人やモノの流通はさらに増えます。日本からアジアへ、そしてアジアから日本へ。人の流動性がものすごい勢いで増加するのです。特にASEANに向けて大変な数の人が流れ始め、ASEANからも入ってきます。

こうした時代に日本国内のマーケットにへばりついていたら、何が起こるのか。

都市開発が進み、小さく削られていく池。そこにすみかを失った動物たちが集まり、最後は水たまりで生存競争をするような状態になるでしょう。当然、激しい競争となり、勝っても取り分は少ない。それが将来の日本の姿となります。

その一方、1、2時間も飛行機に乗って国外に出れば、戦わずに十分豊かになれる世界が広がっています。どう考えてもそちらで生きていく方がいい。

空路は今よりずっと強化され、法も整備されて日本人が活躍しやすい土壌が整うはずです。これは時代の流れです。

したがって、若い人たちに言いたいのは、日本に閉じこもる必要性はまったくないということです。むしろデメリットの方が大きい。

よく「外国人が日本になかなか入ってこないのは、日本人が英語を話さず、言葉のバリアがあるから」と言われます。

じつは、これは逆です。

日本人が英語を話し始めると、デメリットを被るのは外国人です。これだけ優秀な日本の人たちが、言葉の壁を突破して海外に散ったなら、どこに行っても勝つに決まっています。職を奪われるのは外国人です。

言葉のバリアが誰を守っているかといえば、実は外国人を守っている。そういう感覚です。英語は日本人にとって、必ず太い斧となります。それをしっかり磨いてほしいと思います。

私たちのところで働くミャンマー人やカンボジア人は、非常に優秀です。日本の医療者たちが驚き、脅威に感じるほどです。

しかし、普通のミャンマー人やカンボジア人も驚異的に仕事ができるかというと、そうではありません。では、なぜ彼らはそこまで成長するのか。

私が気づいたのは、彼らは自国にいながら、多数の日本人の中で働くマイノリティな存在であるということです。

じつは、マイノリティとなった人は伸びます。頑張らないと存在を認めてもらえません し、生きる糧すら失ってしまうから、努力するのです。

日本人が海外に出るということは、マイノリティになるということです。だから、その人たちは本格的に努力し、能力を発揮するでしょう。

最後に、これからの日本人は、ハイクオリティの証となるべきです。

日本の家電や工業製品が、一昔前のような輝きを取り戻せるかといえば、それは難しいでしょう。中国製をはじめアジア製品はクオリティが上がってきていますから、近い将来、それで不自由しなくなるはずです。

つまり、生産物(プロダクツ)を「メイド・イン・ジャパン」として認識させる時代はもう終わったのです。プロダクツからノンプロダクツへのパラダイムシフトを起こさなければなりません。

レクチャーやサービス、あるいは手術、さまざまな仕組みなどがそれに当たります。それらは「メイド・イン・ジャパンです」と言われただけで、クライアントが「ハイクオリティなものだ」と思うようにしなければいけない。

そのパラダイムシフトを起こすのは「人」です。ハイクオリティな人をたくさん生み出せる資質が、日本人にはまだまだ十分にあるのです。

久保田 勝美

FAST RETAILING PHILIPPINES, INC.
Chief Operating Officer

Katsumi Kubota

1963年、東京生まれ。大学時代にブラジルで1年間丁稚奉公。1987年YKKに入社。翌年より19年間をブラジル、アメリカ、メキシコ、シンガポールにて勤務。2006年ユニクロ入社後、ベトナム、カンボジア、バングラデシュ、ロシアなどでの勤務を経て2012年4月にマニラ着任。好きなスポーツはテニスだが、フィリピンに来てムエタイとサーフィンを始めた。好きな言葉「汝らは地の塩なり、塩もし効力を失わば、何をもてか之に塩すべき」(マタイ福音書)。世界中どこにいても、自分には何か人のためになることがきっとできると信じている。

CONTACT

http://www.uniqlo.com/ph/

モノではなく自分たちの価値観を売るという醍醐味

ブラジルでの原体験から

大学時代はポルトガル語学科に所属し、ブラジルの地域研究をしていました。3年を終えた時点で日伯交流協会の研修生として1年間のブラジル留学研修に親友が参加するというので自分も行ってみたいと、軽い気持ちで参加しました。現地に着いて、ポルトガル語で「日本ブラジル交流協会研修生、XX大学ポルトガル語学科の久保田です」と自己紹介をしたところ、「何を言っているのかわからない。大事なところから言え」と真顔で言われたのです。今まで自己紹介はこうするものだと型通りに行ってきた私は、衝撃を受けま

POINT

- 初対面の挨拶はまず名前と自分の本質から
- 外国を訪れる時はその国の地理・歴史を学ぶ
- その国を皆に好きになってもらうことで仲間をつくる

した。まず一番大事なのはアイデンティティである自分の名前であり、次に重要なのは「自分は何が好きか」「何をしたいのか」だというのです。

それ以降、挨拶する時は必ず自分の名前から言うようになりました。日本のビジネスの流儀からは外れるかもしれませんが、明日変わるかもしれない会社や肩書のような不確定なことよりも、本質的な「自分は何者か、何を目指しているのか」が重要だと考えるようになったのです。そしてここでは現地の人と同じ水準の暮らしをしながら、州の電電公社で事務に携わりました。ライフラインさえ不安定な生活という日本では考えられない大変な日常の中で得たものは多く、海外経験の原点となりました。

帰国後、就職活動では「より早くブラジルに行き活躍できる会社」を基準としてYKKに入社し、希望通り入社1年半でブラジルの駐在員となりました。営業・マーケティング担当として10年間を過ごし、その後、北米で7年間勤務してから、２００４年にシンガポール地域本部へ転勤となりました。この期間を通じて南北アメリカ大陸やアジアの30ヵ国で、さまざまな価値観の人々と仕事をする機会に恵まれました。

シンガポールで働くうちに、自分がアジア人であることをつくづく実感しました。それまで、どこの国の人ともフェアに接してきたつもりでしたが、こんなに自然にフラットな目線で仕事ができるという環境は新鮮だったのです。組織ですから、上司や部下、クライアントや発注先など、立場はもちろんありますが、多民族国家ならではなのか、とても対等な関係で仕事ができました。

そして2006年、転機を迎えます。部品製造業のビジネスでは、自らのパフォーマンスはもとより、売り先の状況によって自分の売上も大きく上下します。YKKは自分を育ててくれたグローバル企業であり今も尊敬していますが、自己完結できる製造小売業に移りたいという気持ちが強くなりました。

このことを日本の友人に相談すると、ユニクロを薦められました。すでに国内では有名な会社でしたが、20年以上海外で暮らしてきた当時の私はユニクロを知りませんでした。白紙に近い状態で面接に赴くと、「今後は海外事業を伸ばしていく」という大志を熱く語られ、これから新しく事業の基盤を作っていくことに魅力を感じ、是非一緒にやらせてください！とお願いし入社しました。

初出勤の日、上司は開口一番「あなたが久保田さんですね。何をやりに来たのですか？」と尋ねてきたのです。ユニクロは一人ひとりが自ら考え、仲間を集い、事業を創っていく会社だと痛感しました。やがて自ら提案し、バングラデシュでの生産を立ち上げることになりました。かつて中米で一緒に仕事をしていた先輩が、ちょうどYKKバングラデシュ社長を務めていらっしゃったので、縫製工場を探したいと相談したところトップ50社のリストを作ってくれました。すべての工場をリクシャ（三輪タクシー）に乗って視察交渉し、最後は3社に絞り込んで、無事にユニクロのバングラデシュ生産をスタートすることができました。

２００8年からは海外事業開発の仕事に移りました。最初の仕事はロシアでの店舗の立ち上げでした。2人の仲間と一緒に、どんな国だろう、ユニクロは成立するのだろうか、どうやって会社を作るのかと現地で調べるところから始めました。さまざまな人に会い、話を聞いて回った結果から提案をまとめて役員会に通し、事務所や店舗を借りて商品の輸入も始めました。私は1号店がオープンするまで関わり、次の国での立ち上げへとロシアを離れました。

この仕事を通じて、自分が好きな仕事を強く認識しました。ユニクロを見たことも聞いたことない人たちと会って、「ユニクロとは何者であるか、何を大切にして、何を目指している会社なのか」を伝えて、「気に入ったよ、一緒にやろう」と言ってもらってようやく次の話ができる。モノではなく自分たちの価値観を売ることがビジネスの根幹であり、とてもやりがいのある仕事だと思えました。その決断にはスピード感が重要であり、いたずらに時間をかけて進めようものなら機会は逃していたでしょう。

思いがけずフィリピンへ赴任

その後、海外事業の立ち上げ担当となり台湾、マレーシア、タイにおいて1号店のオープンまでを担当しましたが、開店すると同時に別の場所に移動を繰り返してきたので、少し寂しさも感じました。社長に海外事業責任者になりたいと思いを伝えましたが、その時には「ああそう」という答えしかもらえませんでした。やがてインドネシア、インド、ベトナムそしてフィリピンと並行して進出の準備を進めていました。フィリピンでは国内最大手のコングロマリットであるＳＭグループとの合弁が決まり、1号店の準備が進み始めました。すると「お前が現地の社長をやれ」と言ってもらえたのです。

ブラジル・南米が専門であった自分がフィリピンに来ることになるとは、正直なところ想像していませんでした。もともと海外事業がやりたくて入った会社ですから、「是非やらせてください」と即答し、２０１2年の4月、マニラに移ってきました。3年のうちに店舗は23店舗まで増え、従業員１２００人規模に成長しています。

私はこれまでどの国に行く時も、まず地理と歴史を勉強することがその国に対する礼儀だと思い実践してきました。自分が全社組織の中で、その国を一番よく知っている人間であることを目指すのです。そして事業責任者となった今は、自分以外の人にもこの国を好きになってもらえるように、広めていく責任も自分にはあると思うようになりました。

日本の本社にはさまざまな立場から世界のユニクロの商品、マーケティング、店舗に責任を持つ人たちがいます。自分が担当する国を彼らにも好きになってもらい、フィリピンでビジネスをするとユニクロに良いことがあると納得してもらえれば、皆の熱意がひとつになって良い仕事ができると感じたからです。真剣にこのことを考えるうちに、ひとつのロジックが見えてきました。

これまでユニクロのグローバル展開は、その多くが、ある水準以上の所得がある土地への横方向な展開でした。ところがフィリピンで縦方向の多様性に直面したのです。私たちの商品は、誰にとっても良い服であり「ライフウェア」であることを謳っていますが、フィリピンでこれを浸透させるには縦のグローバリゼーションが必要です。

ユニクロにとって、フィリピンとは、世界で今後どう変わり広がっていくべきなのかを見つけるためのマーケットでもあるのです。この国のビジネスを通じて、アジアで拡大している中間層すべてに通用するビジネスを確立することができるはずです。これは東京やニューヨークのオフィスのみで考えていても、出てきにくい発想ではないでしょうか。

最高のユニクロ体験を伝えるために

日本をはじめ先行して進出した国で実現している最高のサービス、最高のユニクロ体験をお客様に提供するためには、まだまだやらなければならないことがたくさんあります。売上金額では先進国の店舗に勝てなくても、商品や店舗を通じてお客様にきちんとユニクロを、どれだけ伝えられるかという点では優劣はつかないはずだからです。

例えば私たちのTシャツが1枚590ペソであれば、この国では1日分の給料に匹敵します。日本円で言えば、8000円くらいでしょう。もちろん商品としては優れていて、市場で売られている1枚100ペソ程度のTシャツとはまったく異なるものです。子どもの洗礼式でも家族で過ごす週末でもどんな生活シーンにもフィットするし、着心地がよく、長持ちする良い服。これをお客様に伝えて買っていただくには店舗スタッフの力が必須です。ユニクロはすべてが直営店の形態を取っているので、商品だけでなくレイアウトやサービスも世界中どの店舗でも共通のクオリティを保っています。日本発のユニクロが持つ正確さ、効率の良さ、おもてなしの精神で、売り場でも的確に対応し、お客様を思いやることができます。これも値段以上の価値を感じる大切なポイントです。フィリピン人と働いてみると、彼らは常に笑顔で、人に対して自然に優しくハートウォーミングであり、温かい気持ちで仕事ができるのです。フィリピン人と日本人、双方の良さを生かせば、ニコニコして親切心に溢れ、正確に効率良く相手を思いやる最高のサービスが提供できると考えています。最初から日本並みの接客ができるわけではありませんが、ロールプレイングを繰り返し、こう対応することでお客様はどう感じたかなどを指摘し合い、改善していっています。こうして、全員がより優れたプロフェッショナルになれるチャンスを会社が提供することに対し、喜びを感じてくれています。

私自身は、50歳を過ぎて自身の成長だけでなく、一緒に働く人の成長、社会に貢献するきちんとした仕事をもっとやりたいと一層感じています。今後はフィリピン人、日本人だけでなく、いろいろな国の人が集いながら、世界で活躍する人を輩出するような仕事をしたいと思っています。

インタビュアーの目線

うだるような暑さの中、海沿いの新しい開発エリアを散々彷徨った我々をフレンドリーな笑顔で迎えてくれた久保田さん。休日は奥様とサーフィン三昧だそうで、世界的ブランドの大企業にいながらパーソナルな魅力に溢れたお話が印象的でした。今は世界で一番フィリピンが好きという久保田さんの影響か、私も今、急にこの国に興味を持ち始めました。

佐藤 ひろこ

Infopot.Inc
セブポット代表

Hiroko Sato

1978年、大阪府生まれ。2004年、セブ島日系リゾートでスパマネージャーとして働く。2007年、ウェブとマガジンを使った、セブ島唯一の総合情報媒体「セブポット」Pinaka Pot Distribution, Inc.を創業。2014年、セブポットを運営するメディア事業「Infopot.Inc」、ビジネスコンサル、会社設立、賃貸・管理不動産、ビザサポートなどの直接サービスを行う「The Hatena Solutions Inc.」、インベストメント・ホールディング会社「Cou. A Investment Holding Inc.」の3社に分社化。情報業で培った人脈と最新の情報をもって、多くの日本人の起業進出をサポート。起業家としてだけではなく、2児の母親として、海外移住・親子移住などの相談サポートも行っている。

CONTACT

2F Henry Hotel, Maria Luisa Road, Banilad Cebu City
http://cebupot.com

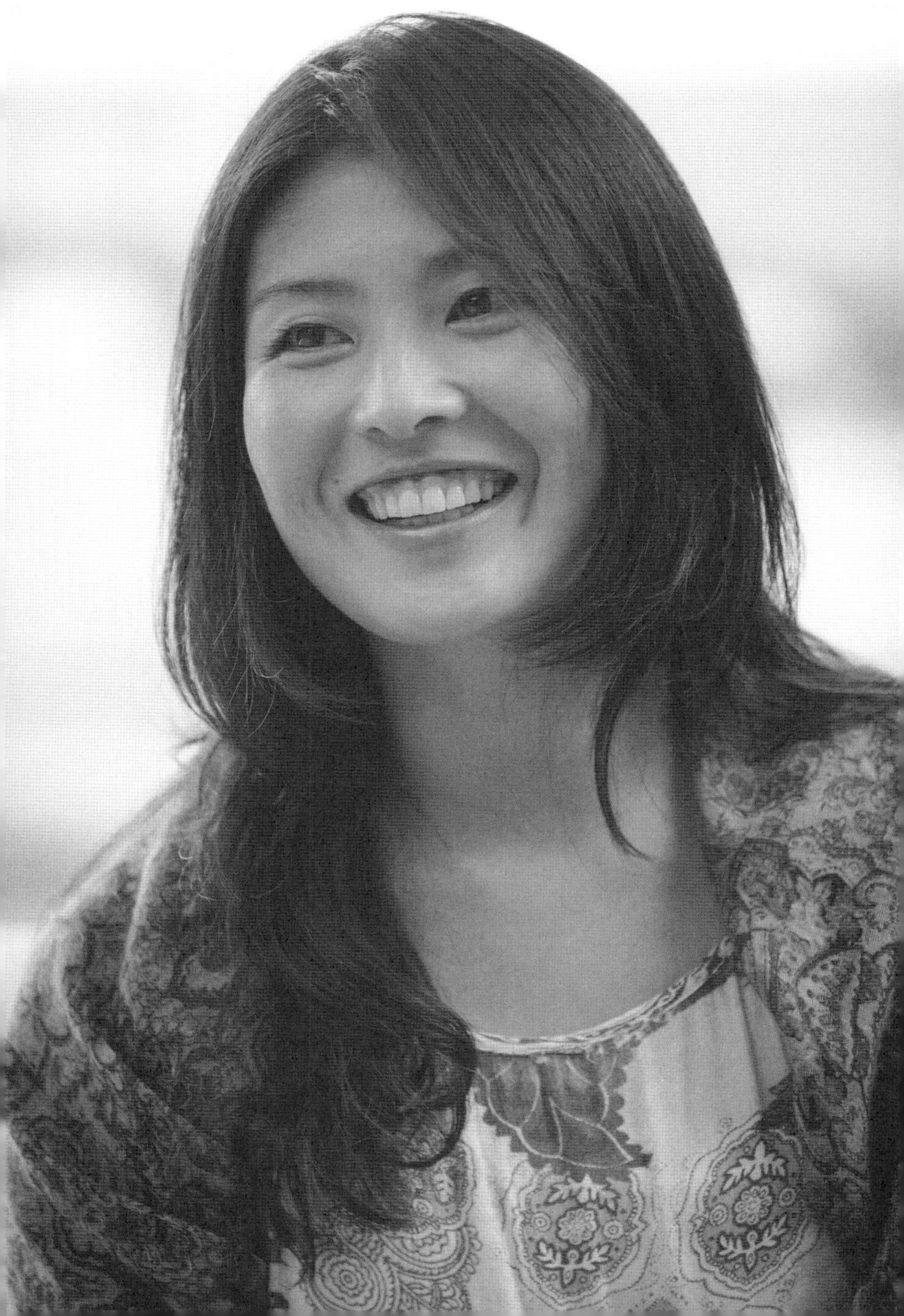

自分に合う場所で生きるって大事

女性が女性らしく、私が私らしく

私が大学生の時は、バックパッカー全盛期でした。私もヨーロッパを中心にトータル約30ヵ国を旅して、3年生の時には、当時は日本人には非常に珍しかったマルタ島に1年間留学しました。海外だからハードルが高いといった先入観を、早めに取り除きたいと思っていました。大阪から京都に行く、マルタに行く、沖縄に行く。どれも同じ「一歩」としての感覚で捉えられるようになりたかったのです。そして大学の卒業が近づいた時、好きな事よりも「自分が一番苦手なこと」をしたほうが、その後の視野が広がると思いました。

POINT

- 苦手なことにあえて挑戦して自分を知る
- ワークシェアが基本だと〈家事＝女性〉にはならない
- 海外ではお手伝いさんやシッターを雇って働くのが普通

そして、私にとってそれは「日本で働くこと」でした。

私は小さい頃から、いわゆる勉強ができる優等生だったのですが、「皆一緒」という雰囲気に馴染めず、学校が苦手でした。小学校5年生の時には、自分は勤め人ではなく、独立して自らの力で仕事をしたい、いつかここから外に出て暮らしたいと思っていました。その後の学生時代もその気持ちは変わりませんでしたが、だからこそ社会人の第一歩は、日本で就職してみようと思ったのです。せっかく入るならと入社が難しくてものすごく働かなければならないベンチャー企業をあえて選びました。

当時の就職人気ランキングで20位内に入るほど人気のある会社で、人材としても優秀な人が集まっていました。当然の競争社会に、毎日残業代なしで働いて終電で帰る日々。これを1年繰り返したら、鬱になるほど心身ともに疲れ切ってしまいました。ただ、この会社で働いて本当に良かったと思うのは、同期に「日本のベンチャーという職種において優秀な社員とはこういう人のことを言うんだな」と心から思える人に2人出会えたことです。今後ここで頑張っても彼らを越えることはない、自分は自分らしく輝ける分野で頑張ればいいと、素直に思えてすっぱり辞められました。

その後、休息時間として、アーユルヴェーダやハーブの勉強をしました。癒しビジネスならこの先10年は仕事ができそうだなと、今度は自分が好きな暖かい国で、癒しに関わる仕事をしようと探したのがセブ島との出会いです。ネットで見つけた、セブの日系リゾートのスパ・マネージャーの募集のインタビューを受けに、初めてセブ島に来ました。特別アジアに興味があったわけでも、ましてやフィリピンに来た事もありませんでした。英語レベルは仕事ができるには程遠いレベルでしたが、学生時代の経験が生かされてか、「海外で働く」という事自体は大きなことではなくなっていました。

リゾートの中でもスパだけは別会社になっていたので、マネジメントから、デザイン、メニュー作り、スタッフの指導、商品開発の他にも、営業、経理、労務関係まで一連の内容を任せてもらえました。この3年弱の経験が、フィリピンで起業しようと思えた土台になりました。

幼い頃から、独立、起業すると決めていた私が、ここならいけるかも！と思った理由がいくつかあります。まずは英語が話せること。非ネイティブスピーカーのビジネス英語レベルを測るEBI指数において、フィリピンは世界一です。話す英語はくせが少なく、フィリピン人の英語力の高さはとても魅力的でした。また、治安の良さや物価の安さ、親日国であることも大切ですが、何より重要なのはまだ何もない事への可能性の高さです。実際に始めた情報業も、世界中にフリーペーパーは溢れていて、日本のマーケットではすでに淘汰されていますが、フィリピンにはこうしたサービスも概念がありません。このアドバンテージを生かして、次に流行るものや、どんなサービスが受けるのかなど、ある程度は掴めました。成功例も失敗例も含めて取り入れやすかったのです。

そして最後に、私にとって最重要視することは、女性が輝く社会だということです。フィリピンは世界で最も女性管理職が多い国で、働く人の半数以上が女性です。日本のベンチャーで働いていた時も女性の多い職場でしたが、管理職となるとほとんどは男性。女性が上に行くのには、子育ても、家事も、仕事もこなし、どこか「無理して頑張っている」というイメージが拭えませんでした。

しかし、セブの会社を訪問するとマネージャー以上はほとんど女性で、しかも仕事面で男性と競うこともありません。女性が女性らしく輝いていて、子どももどんどん産む。ここなら、私らしく生きられると思いました。学生時代に、あれだけいろいろな国を巡ってきたのに、日本からたった4時間のところにこんな場所があったのかと、セブ、フィリピンのポテンシャルの高さに、驚くばかりでした。

日本人のセブのイメージを変えよう

最初にセブに来た時から、リゾート地なのに空港に英語表記のマップもないし、日本語の情報誌もまったくなく、情報が足りないとは感じていました。3年間暮らしていても、近所にどんな店ができたといったことも分からず、情報はまだ新聞とラジオとクチコミに頼っていました。それなら、情報業が面白いかもしれない。私が感じているリアルなセブを伝えたいと、フリーマガジンとウェブを使った情報業を立ち上げる事にしました。

2007年に『セブポット』誌を発行し、同時にウェブサイトもオープンさせましたが、もちろん編集の経験も知識もなく独学で、大変なことばかりでした。当時のセブは、お金を払ってまで広告を出すことが一般的ではなかったので、オーナーさんに理解してもらうことから始まりました。印刷コストが日本よりも高いうえ、広告費が日本のように取れないこともあって、フリーペーパーは意外と経費がかかり、最初は赤字続き。「来月やめよう」と毎月思っていましたが、諸先輩方に、「情報業はビジネスの中心になる。今は大変だろうけど、ギリギリまで辞めずに頑張りなさい」とアドバイスをいただき、国内景気も伴って、ようやく2年目から、軌道に乗り始めました。

思いだけは強かったのですが、お金もコネも実績もなかった私に、多くの地元企業の皆さんが助けてくださった事に今もとても感謝しています。創刊号の裏表紙にフィリピントヨタ自動車さんが広告掲載してくださったり、今も家族ぐるみで交流のあるドライマンゴーの最大手の会社の社長さんは「私も若い頃に日本の企業と取引をしてこうして大きくなり、感謝している。今まで日本人とビジネスをして嫌な事や騙されたことは一度もない。今度は私が貢献する番だ」と言ってサポートしてくれました。日本にいたら出会うチャンスがないような大企業の代表の方とも、直接お話しできたのは海外ならではだと思います。

日本製品に対するブランド力、日本人は信用できるし約束を守るなど、フィリピンではとても日本に対するイメージが良好です。それは当然私が作ったものではなく、上の世代の日本人が築き上げてこられた「日本ブランド」に対する恩恵を、今私たちは受けることができています。「私たちの次の世代にも日本人はこのように思われているだろうか?」。私たちがこうして海外で暮らし、仕事をする中で、この評価を次の世代へ受け継いでいかなければならないなという、責任感も生まれました。

現在は、日本からいらした皆さんを多方面からサポートできる情報業の強みを生かして、ビジネスコンサルやビザや会社設立サポート、不動産、賃貸管理事業などを行う別会社を設立し、この国のマーケットと、ここでビジネスをしたい方、住みたい方などをマッチングしています。ようやく育ってきた国内マーケットで、私たちの得意分野である、新しい広告事業も現在立ち上げ準備中です。セブにはまだないサービスや、ビジネス、商品がたくさんあり、日々ワクワクしています。

女性が活躍できる環境

海外で起業して子育てして、すごいですねとよく言われますが、先述したとおり、女性の社会進出が世界一とも言われるフィリピンでは、女性が働きやすい環境が整っているので、「無理に頑張る」ことはしていません。

まずワークシェアが基本で、女性が家事をすべてやるという概念がなく、ベビーシッターさんやお手伝いさんの手を借りるのは当たり前。決して富裕層だけがそういう暮らしをしているわけではありません。日本の女性たちが、仕事も子育ても家事もすべてこなしている姿を見ると、日本の方がどれほど大変かと思います。最初の頃は私もベビーシッターさんやお手伝いさんを雇うことを躊躇《ためら》っていました。すると「なぜ雇わないの？」とよく言われました。ビジネスをして稼げる人は男性女性問わず外に出て働き、どんどん周りに仕事をシェアしていくことは良いことという社会がここにはあります。

また、フィリピンで子育てする大きなメリットのひとつに、英語環境があります。世界で3番目に英語を話す人口が多いフィリピンでは、公立の学校ですら、授業はすべて英語で行われます。私は自分の子どもたちには英単語ひとつ教えたことがないのに、きれいな英語を話しています。むしろ、日本語教育のほうが重要です。海外で生まれ、育って行く中で、日本語をどのレベルまでキープするのかの目標設定と努力が必要だと思います。

今、多方面で注目されているセブは、ビジネス面だけでなく、語学留学も注目され、留学生は毎年倍増しています。それに伴い、子どもに自然に英語を学ばせたいと、親子移住者も急増しています。日本からも近く、英語を話し、治安も良く住みやすい。特に女性にとっては、子育てしながら自己実現するのにこれほど良い環境はないと思います。

もっと多くの日本の女性たちに、いろんな選択肢があることを知ってほしい。ビジネスチャンスだけでなく、自分らしい生き方を見つけるきっかけが、今のセブにはあるような気がします。

インタビュアーの目線

取材を進めるうちに、〝おっとりした美人〟という第一印象に〝しなやかな強さ〟が加わり、実に魅力的な女性起業家であることが分かりました。取材直前まで、日本人女性数名がセブの仕事や生活について相談に来ていたそうで、外見上の人当たりの良さと、内面にある芯の強さが、性別を問わず、多くの人に頼られるのだと思います。

西山 七穂

ギークス株式会社
NexSeed Inc.
海外推進本部
マーケティングマネージャー

Nanaho Nishiyama

1988年、香川県生まれ。東京大学法学部を4年3ヵ月で卒業。サンフランシスコのクリエイティブエージェンシー btraxにCEOアシスタント・プロジェクトマネージャーとして勤めた後、フィリピン・セブ島の語学学校「NexSeed（ネクシード）」に立ち上げから参画。海外で働く女性に焦点を当てるメディア「なでしこVoice」など、ウェブメディアへの寄稿やコンテンツ執筆も多数行っている。大学時代から社交ダンスをしていた関係で、ダンス雑誌「ダンスファン」にも寄稿。休日は、セブのNPO「セブンスピリット」にて、スラムの子どもたちに社交ダンスを教えている。

CONTACT
〒150-0043
東京都渋谷区道玄坂一丁目14番6号　ヒューマックス渋谷ビル3階
03-6690-7978
http://geechs.com/
http://nexseed.net/

国が変わると大きく変わる、求められるスキルの違い

フィリピン・セブ島で、英語とITの学校をつくる

ギークス株式会社の傘下にあるネクシードは、フィリピン・セブ島にある英語とITを学べる学校です。単に語学を学ぶだけではなく、「今の自分を変えたい」と思っている方にとって、スキルアップになる場になることを目指しています。私自身は立ち上げ時期からネクシードに加わり、仲間と共に今のネクシードを作り上げてきました。

最近フィリピンでの英語留学はかなりポピュラーになってきました。もともとフィリピン留学は韓国で先に始まり、毎年10万人以上

POINT

- 海外で働く機会は無数にある
- 求められる英語のレベルは、国や職種によって大きく変わる
- 国を越えてのチームビルディングでは、相互理解と信頼が大切

の方がフィリピンを訪れていると言われています。日本人留学生は2010年時点で年間2000人程度でしたが、2013年には2万6000人と急増中です。フィリピン人にとって英語は準公用語。アジア圏の中では特にきれいな英語を話し、映画館では誰もが字幕なしにアメリカの映画を観ています。

私は「ネイティブ＝教えるのが上手い」ということではないと思っています。例えば私たちが外国人の方に日本語を教えられるかというと、なかなか上手く説明できないですよね。「それ間違っている」という違和感には気づけますが、なぜ間違っているかについては、知識が必要になります。大学時代にカナダに2ヵ月短期留学をした経験があり、当時はノンネイティブが15人くらい集まったグループレッスンを受けていました。カナダ滞在自体はとても良い経験になった一方で、せっかく英語圏にいるにも関わらず、英語が分からない者同士で間違った英語をぶつけ合うスタイルに効率の悪さを感じていました。

そういった経験を基に、英語授業は原則マンツーマンで行っています。フィリピン留学の醍醐味は、価格の安さと、アウトプット機会の豊富さにあると思っています。日本人は、文法などの知識はしっかりしているのに、話す機会が少ないために言葉が出てこないという方が多いです。フィリピン留学は、そのような「スピーキング初中級者の方が英語を話すのに慣れる場」として、非常に適していると思いますし、日本人の癖や犯しがちな間違いについての指導にも慣れています。

現在、ネクシードの最も大きな特徴となっているのは、「エンジニア留学」です。これは、「英語」と「プログラミング」という、これからの時代が求める2大スキルを同時に学ぶことができるコースになっています。

私たちは当初から「単に英語を学ぶだけでなく、将来海外で活躍する人を育てる場を作りたい」という想いを強く持っていました。そんな中で2013年9月に生まれたのが「プログラミングと英語を両方学ぶ」という新しい留学の形です。

今では他社様で類似サービスを始めるところが複数出るなど、反響の大きさに私たち自身も驚いています。ただ、ギークスがエンジニアの方々を支援している会社だということもあり、企画が出た時には、とてもネクシードらしい、相性の良いプログラムだと感じました。今ではギークスはじめ、企業様用の採用育成プログラムとしても「エンジニア留学」が取り入れられています。

海外で働く苦労とそれ以上の楽しさ

私は日本で生まれ育った純ジャパニーズですが、新卒から海外で働くキャリアを選びました。ただ、もともと海外で働くつもりだったわけではなく、むしろ遠い夢でした。

大学に入るまでは「良い大学に行くことが良いこと」だと思っていましたし、流れに任せて就職活動もひと通りしました。そんな中、幸運にも、世界一周に行く直前のネクシード代表に出会えたのです。他にもフリーランスで成功している方や、早期リタイアされ人生を楽しんでいる方、起業家の方など、聞いているだけでワクワクする人生を歩まれている人たちにお会いする機会に恵まれました。それまで限られた働き方しか知らなかった私には、「そんな生き方もありなんだ」と目からウロコの思いでした。

一方で、その時自分には何のスキルもないということを思い知らされました。「就職しても会社が潰れたら生きていけないかもしれない」という焦りと恐怖心は、今でも自分を突き動かすひとつの動機になっているんじゃないかと思います。漠然とした不安と、やり残したような気持ちを抱えながら、いよいよ社会人生活が始まるのかと思っていた時に、状況が一変しました。なんと、大学を卒業できなかったんです。

思いがけず3ヵ月、卒業が延びました。ただ、これが本当に自分にとってはラッキーだったと思います。これまで「今は時間がないからできない」「いつかできるだろう」と思っていたことをやってみる機会が訪れたのです。自分がワクワクすることは何かを考えた結果、「海外で働く経験がしたい」と思うようになったのです。

縁あって、サンフランシスコのウェブデザイン会社でインターンシップの機会をもらうことができました。まさか本当に海外で働く経験ができるとは思ってもいなかったので、決まった時は本当に嬉しかったです。私の場合、人から紹介していただいたことが選考に繋がったので、日々の出会いの大切さを実感するとともに、海外で働くきっかけは意外と身近なところにもあるんだと思いました。

その後サンフランシスコで働く予定でいたのですが、ビザが上手く行かず、帰国を余儀なくされました。日本でひとり働きながら、これからどうしようかなと思っていた時に代表の高原に再会、そして、それまで行ったこともなかったセブ島で、立ち上げに加わることになりました。人生分からないものだなとつくづく思います。

「海外で働く」という括りでは同じですが、アメリカでの経験とフィリピンでの経験は、あまりにも別物でした。気候や生活環境はもちろん、人、インフラ、求められるスキル、ぶちあたる課題、何もかもが違います。

「英語の必要性」という意味でも、面白い違いがありました。アメリカでインターンをしていた頃、私の一番大きな壁は常に英語でした。特にミーティングと電話。インターンもチームの一員であることに変わりなく、ミーティングの場で何も話さずにいると、いる意味がないと見なされてしまいます。電話はさらに苦痛で、相手の名前すら聞き取れず、「電話取りたくない病」になりました。もともと私は語学が好きで、4年くらい前からTOEICのスコアが900はあったのですが、英語で仕事をするのにスコアはまったく役に立たないことを思い知らされたのです。

一方、フィリピンに来てからは、英語に困ることは正直ほとんどありません。フィリピンにおいては、きれいな英語を話すことより、相手の言っていることを100%理解して、自分の言いたいことを100%伝えきることが大切だと思っています。フィリピン人は英語が上手とはいえ、あまり得意でない人もいます。ゆっくり話し、極力簡単な英語を使うことが、スムーズなコミュニケーションに繋がる場合も多々あります。

英語が、相手に信頼感を与えるレベルで必要なのか、単なるコミュニケーションツールとして使っているのか、位置づけによって求められるレベルは変わると思います。もちろん、アメリカでも他のスキルがあれば英語はそこまで重要視されないケースもありますし、国の違いだけでなく、職種によっても左右されると思います。

フィリピンで語学学校としての認可を受けるのには苦労しました。日本では信じられないことですが、公的機関が急にシステムを変更することがあります。役所に言われた通りの書類100枚以上を揃えて提出に行ったら、「先週からフォーマットが変わった」と、一からやり直しになったこともあります。祝日ですら、急に制定されたり変更されたりします。インフラは急速に整備が進んではいるものの、私が来た当初はインターネットがあまりにも遅くFacebookも開けないことが多々ありました。

また、フィリピン人スタッフとの距離感も当初なかなか掴めずにいました。

スタッフも私たちが何を考えているのか分からなくて不安だったでしょうし、私たちもどう接するべきか迷っていました。ある日、フィリピン人スタッフ皆を呼んで話をする機会を持ちました。本社のギークスについて、ネクシードという会社が目指す姿について、日本とフィリピンの文化の違いについて、スタッフ一人ひとりへの想いについて、彼らが疑問に思うことに対し、順番に話をしていったのです。

その時をきっかけにして、皆が心を開いてくれるようになり、チームとしてまとまってきたと思います。日本の当たり前はフィリピンの当たり前ではないし、フィリピンの当たり前は日本の当たり前でもない。何が違うのかを具体的に理解していくことで、先生たちは自主的に動けるようになってきました。今、私たちはとても仲が良く、チーム全体のことを「ネクシード・ファミリー」と呼んでいます。フィリピンの人は仲間意識が強く、家族をとても大切にします。チームのメンバーを家族のように感じて、誇りを持って働いてくれるようになって、私たちもとても嬉しく思っています。

私個人としては、今ネクシードのメンバーとして働きつつ、ライターとして活動したり、週末にはスラムの子どもたちに社交ダンスを教えるボランティアをしたりしています。こういった活動を、ギークス・ネクシードはむしろサポートしてくれるので、ありがたいなと思うばかりです。

これまでたくさんの人たちに気づきを与えてもらっていたので、これからは「こんな生き方ありなんだ」と発信していけるような生き方ができればいいなと思っています。

インタビュアーの目線

我々の滞在先から取材場所の語学学校までの道筋をメールで丁寧に案内していただき、お目にかかる前から優しい気遣いが伝わってきた西山さん。聞けば東大法学部出身という超がつく才媛ながら、謙虚に、けれどもとても力強く、現在の取り組みと将来の夢を語ってくれました。西山さんのような方がいれば、留学に来る人たちも心強いことでしょう。

岡田 兵吾

マイクロソフト シンガポール
シニアマネージャー

Hyogo Okada

同志社大学工学部卒業後、アクセンチュア(日本、米国)、デロイトコンサルティング(シンガポール)、マイクロソフト(シンガポール)のグローバル企業3社で19年間、業務・ITコンサルタントとしてシンガポール・日本・アメリカをベースに活躍。シンガポール移住12年目。永住権保持者。現職マイクロソフトにおいては、CSR(社会事業)委員、組織・文化改革リードも兼任。人生目標『ソーシャル・チェンジ』を目指し、人材育成支援、貧困層ボランティア、NPO向け経営支援に従事。世界トップビジネススクールIEエグゼクティブMBA取得、同アルムナイ・シンガポール支部初代会長。シンガポールドラッカー学会理事。シンガポール和僑会理事。ダイヤモンド・オンラインにて『STAY GOLD! リーゼントマネジャー岡田兵吾の「シンガポール浪花節日記」』連載中。

CONTACT

ダイヤモンド・オンライン連載:「STAY GOLD! リーゼントマネジャー岡田兵吾の『シンガポール浪花節日記』」
http://diamond.jp/category/staygold
Facebook: http://facebook.com/hyogo.okada
Twitter: http://twitter.com/phoenix_hugo
ブログ: http://ameblo.jp/phoenixsoul/

リーゼントヘアでソーシャル・チェンジを目指せ

たった1人でも世界は変えられる

ヘアスタイルをリーゼントにするようになったのは、就職活動を始めた時です。映画とハードボイルドを愛するロン毛青年で、夢は国際ジャーナリストであった。長髪を切っても、反骨精神を忘れたくなかった。それから20年、どの会社でもこのスタイルを貫かせてもらえたことを感謝しています。

子どもの頃から海外には強い憧れがありました。洋画や「ベストヒットＵＳＡ」が大好きでしたし、海外に出たジャーナリストの本なども好んで読んでいました。大学に入ると、新歓コンパで帰国子

POINT

- 理想の人物像を定め、常に理想に近づくよう行動する。
- 海外で通用する人間は、「熱い情熱と志」で周りを鼓舞している。
- 一歩踏み出せば、居心地のよい環境はどんどん広がり、視野も経験も人脈も広がる。

女の女の子たちが流暢な英語で楽しく会話をしていて衝撃を受けます。自分も英語を学びたいと、ESSに入部。すると、先輩がインド旅行から帰ってきて「インドなんて行けるのか！　すごい！」と驚き、ますます海外に出たいという想いが強くなりました。

最初に海外に出たのは、大学1年生の夏です。入学祝いなどをつぎ込み鑑真号という船で上海に渡ってバックパッカーをしました。初めての海外旅行で一気に自分の世界が開けた気がしました。2年生に上がる前の春休みには渡米し、長距離バスのグレイハウンドでロサンゼルスからニューヨークまで横断します。

大学4年生の時に、交換留学制度を使ってアメリカの大学に留学。日本では工学部でしたが、留学中は「国際関係学」と「宗教学」のダブルメジャーを専攻。またキリスト教系の仲間たちと週2回、障害者やホームレスのための家作り、炊き出しのボランティアに精を出しました。

そんなある日、お世話をした障がい者の方が、出ない声を振り絞って必死で感謝の言葉を述べてくれました。彼はアメリカ人だけど障害のせいできちんと英語が話せない、それでも感謝の心は私に伝わったのです。英語は大事です。言葉はすごく大事です。でもそれだけじゃない、言葉が描くても人は伝え合うことができるのだと気づかせてくれました。

アラバマでハリケーン災害があった時は、復興支援ボランティアとして駆けつけました。そこで公民権運動の母、ローザ・パークスのスピーチを聞くという幸運に恵まれます。この小さな女性が世界を変えたのだ、彼女の勇気がマルコムＸやキング牧師を動かしたのだと思うと感無量でした。そして、彼女の言うとおり「One person can change the world」なんだと思いました。

会場ではキング牧師夫人をはじめ、皆が「リーン・オン・ミー」を歌いました。自分よりも大きな黒人が涙をぼろぼろ流します。その体験すべてが、ストレートに魂を打ちました。そうだ、皆で世界を変えよう。社会変革《ソーシャル・チェンジ》のために、自分はジャーナリストを目指そう、と思ったのです。この集会で私はＣＮＮから取材され、その映像は全米に流れて、私は一躍時の人となりました。

１年間の留学を終えて帰国し、自分はこれだけの経験をしてきたのだから必ずジャーナリストになれると信じていましたが、見事玉砕！　夢破れました。激しい失意の中、留学中に受けたアドバイスを思い出しました。「ボランティアを続けたいと思っているなら、お金を集める仕組みを作れる人になることが先決だ」と。コンサルタントは「企業の医者」。アクセンチュアにて「コンサルタントとして社会変革」を新たな決意としました。

アクセンチュアでは海外派遣プログラムの1期生となり、アメリカでグローバルなチームでコンサルティングを経験しました。帰国後、やはり海外に行きたいという思いが募り、海外就職を目指すもなかなか決まらない。やっとのことで日系企業のベルギー支店の職が内定しました。しかしその直後、その会社からベルギー支店閉鎖の知らせが届き、ふたたび海外への道は閉ざされたと思ったのです。そこに、ニューヨークで転職活動をしていた時のエージェントから「シンガポールはどう?」と打診されます。

当時は明るい南国は性に合わないと思ったのですが、マイクロソフトがゲーム機のXboxをローンチし、日の丸家電と今後競合すると騒がれていた頃に、このXboxのローンチに関われる仕事でした。上司となる女性はスタンフォード大学で学んだ台湾人女性で、彼女の下で勉強できるのも魅力的に感じ、シンガポールへの転職・移住を決めました。

シンガポールに来てアジアの醍醐味を知りました。ヨーロッパはEUという経済圏がまとまっているし、アメリカも個性的な州が集まっていてもやはりUSという集合体です。アジアの場合は、国ごとに文化、宗教、言語、人種、通貨すべてばらばら。市況もどんどん変わる。欧米を経験している人でも手こずる、ユニークなマーケットです。

最小の力で最大のインパクトを

マイクロソフトには「世界中のすべての人々とビジネスの持つ可能性を最大限に引き出すためのお手伝いをする」という企業理念があります。そして常に「働きがいのある会社」ランキングでナンバーワンとなることを目指しています。

しかし、シンガポールの人気就職先ランキングで日系企業の名前は出てきません。日本的な思考のリーダーシップがここでは通用しないからでしょう。私自身、「仕事が優先でプライベートは二の次」という日本的な感覚を共有できず苦労しました。私が残業するような上司でいては、ローカルの部下は誰もついてこないのです。

海外で働く時には、次のような感覚が必要です。

（1）仕事だけでなく、家族・趣味・ボランティアの時間を大切にする者が偉い。（2）最小の努力で最大のインパクトを起こした者が偉い。（3）部下が残業するほど大量に仕事を与えた上司は無能。（4）やるべき仕事が終わればさっさと帰宅。（5）労働時間は自由にしてよいが、着任時に「Job Description」（職務記述書）で合意した成果は必ず出さないとクビ。（6）結果が出せず、職を替えることになっても問題なし。転職を活かしキャリアを最大化する。

日本で働くのとは大きなギャップがありますが、良し悪しは自分の判断です。今では私も、家族と過ごしたり友達と遊ぶ時間を大切にしています。ボランティアもしますし、仕事はできるだけ素早く、最小限の労力と時間で最大のインパクトを出すことを心がけています。

マイクロソフトに入ってから、リーダーとしてステップアップしていくには国際的な知識と資格が必要だと考えるようになりました。そこで、世界トップ10に入る評価を受けているスペインIEビジネススクールに通い、エグゼクティブMBAを取得しました。

日本人は資格よりも、現場での経験を評価する。アジアの新興国は歴史も浅いためマネージャークラスでも大学を出ていない人もいる。彼らが必要な標準的な知識を学んで取得するのが、MBAなどの資格です。自分もローカルの人間を部下として使うにあたり、そうした標準プロトコルが絶対に必要だと感じました。

エグゼクティブMBAは、マネージャークラスの人間がさらに上の役職を狙うために通うプログラムなので、スイス銀行のグローバルマーケティングのトップや、大手企業のCFO、ヘッジファンドの人間など、年齢もキャリアも多様でかつ優秀な人たちに出会えました。ＭＢＡに通わなかったら出会えなかった人たちです。

こうしたクラスメイトたちに触発され、さらにグローバルな視点を広げるために、デロイトコンサルティング東南アジアに転職し、アジア全域で日系企業の海外進出をお手伝いすることとなりました。

2年ばかりするとマイクロソフトの以前の上司から、アジア全域のオンラインビジネスの立ち上げを手伝ってほしいと声をかけられました。デロイトで日本企業のお手伝いをすることにやりがいを感じていたので、最初は戻る気はなかったのですが、彼が熱い志を持つ素晴らしい上司だったので、もう一度一緒に働きたいと思い、戻ってきたのです。


海外で働く時に語学はもちろん必要だけど、それよりも重要なのはパッション、伝えたいという気持ち、自分は何をしたいのかという想いそのものです。

まずは海外へ出て、多様性を尊重し受け入れるということを肌で感じてほしい。

Step out of you comfort zone!（居心地のよい場所から飛び出せ）です。

留学はとてもよい機会です。特にアジアに留学すれば、シンガポール人やフィリピン人などのアジア人たちがいかに優秀か思い知ることができます。圧倒的な悔しさは、きっと自分を伸ばすきっかけになるでしょう。

私自身は、最近は日本のグローバル化に貢献できることは何でも取り組むようにしています。ソーシャル・チェンジをしたい、世の中を変えたいと言い続けてきたら、想いを同じくする人たちと次々と出会えるようになりました。彼らと力を合わせて、より良い社会を目指す変革を起こしていきたいと思っています。

STAY GOLD!

インタビュアーの目線

ネット上で見る華麗すぎるキャリアと、〝リーゼントマネジャー〟という称号、その風貌から、どんな強面なのかと思ってお目にかかってみたら、同僚に気さくに声をかけながら、オフィスをくまなく案内してくれる、気遣いとサービス精神の塊のような方でした。仕事もプライベートも高次元なバランスで謳歌している姿が本当に格好いいと思います。

渡邊 智美

ポーターズ株式会社
取締役

Tomomi Watanabe

1974年、千葉県生まれ。1997年、ベンチャー起業支援のインターウォーズ㈱に入社。経営企画ならびに人材紹介ビジネスの立ち上げ・運営に従事。2001年、ポーターズ設立。2002年に人材紹介業務支援システム「プロ·エージェント」、2012年にクラウド型人材ビジネス向けマッチングCRM「HRビジネスクラウド」をリリース。主に有料職業紹介事業者向け営業や人材ビジネス支援マガジン「ポーターズ·マガジン」編集長を務める傍ら、2014年、ポーターズ100%出資子会社PORTERS GlobalのManaging Directorに就任。

CONTACT

〒107-0052
東京都港区赤坂8-5-34 TODA BUILDING 青山3階
03-6432-9829
PORTERS Global Pte.,Ltd.
12 Eu Tong Sen Street THE CENTRAL #06-170 Singapore 059819
http://www.porters.jp/

クロスボーダー人材ビジネスで世界を変える

手探りでシステムを作るところからスタート

ポーターズは2001年に代表の西森康二と私のふたりで立ち上げた会社で、創業以来、人材ビジネスに特化したアプリケーションプラットフォームを提供しています。2014年に、私が代表となりシンガポールにポーターズグローバルを設立しました。自分たちの事業をグローバルで展開したいという、創業時の夢がようやく実現しました。

もともと西森も私も同じ人材紹介会社で働いていました。

POINT

- 必要なものがなければ自分たちで作り出す
- 業界のリーダーシップを取るためのツールを探す
- 本当にやりたいことを追いかけてみる

1999年頃、インターネットの普及とともにデジタル化が進んでいる中、人材紹介業に関してはまだ大半がアナログでした。履歴書は手書きのものを求める企業も多く、コピーしてはファイリング管理です。紙管理だと社内ですら情報共有しづらいのが難点でした。私は西森も含め5名ほどのチームのアシスタントをしていたのですが、その頃は同業の人材紹介会社約20社とのアライアンス（業務提携）ネットワークというものがありました。例えば企業からお預かりした求人に合う求職者がいらっしゃらない場合、アライアンス先に「求職者の方はいらっしゃいませんか？」と連絡してマッチングするのです。この場合、成約した際は売上を折半します。

こういった情報共有がもっとスムーズに行うことができればより売上に貢献できると思い、システムの導入を検討したのですが、派遣のシステムはあっても紹介に特化したシステムは見つかりませんでした。ならばと、私たちは情報管理システムを自分たちで作ることにしました。

まずはプロトタイプとして社内システムを構築し、試験運用を始めました。構築といってても西森も私もエンジニアではないので、西森の知り得る知識を使って作ったものです。試験運用で問題がなかったので、アライアンス先でも運用を開始しました。しかし、社外と共有するのであれば情報セキュリティの面からもきちんと対応したシステムでないといけません。そこで当時の会社の社長に、情報管理システム事業をしたいと相談しました。できれば企業内起業したかったのですが、賛成を得ることはできませんでした。

そのタイミングで西森が有限会社を設立します。後に私も加わり、人材紹介会社向けサービス事業を目的にスタートしたのがポーターズ株式会社です。設立資金は西森の個人資産と私の前職（OL）時代の貯金を投じました。しかしシステム開発にはそれだけでは足りず、西森の知人・友人にご協力を募り、なんとか1000万円の資本金を作る事ができました。今思えば無謀なスタートだったと思います。たった一つのシステム要件だけを掲げ、商品を作る前に会社を設立したのですから。売るものもない中でシステム開発費だけが出ていく。半年もしないうちに資本金は底をつき、自分たちの給与も出せず、それから半年以上にわたる不眠不休ならぬ不眠無給の生活となりました。

ビジネスとして提供するサービスを作るにあたり、私たちにはその技術力はないので、外部への開発技術が必要となりました。しかし、ソフト開発の外部発注の経験もなく、資金も乏しいので、最初は知り合いのつてを辿り「こういうものを作っていただけませんか？」とお願いし、最初はほぼボランティアでご協力いただいていました。

それと同時に、事業計画を描き、金融公庫から融資を受けました。そのお金を投資してさらに開発を進めます。その間の運転資金を得るために、当社も人材紹介業の許認可を取り、昼間は人材紹介、夜間はシステム開発を進める日々でした。

こうして会社設立から1年後の2002年9月、初サービスインを果たします。できた商品はプロ・エージェントというASP(Application Service Provider)型のシステムです。月額料金を支払うと、インターネット経由でシステムを利用できます。最初のユーザーとなっていただいたのは、もともとお付き合いのある親しい社長さんでした。たくさんのダメ出しをいただきながら改良を重ね、さらに毎月1社ずつ程度お客様を獲得していきました。運営のために2005年には正社員を採用し、開発も完全内製化しました。設立時に西森の知人からお借りしたお金もこの年にようやく返済を終えました。

やがてプロ・エージェントのお客様は順調に増え続け、のべ約560社に導入していただけるほど成長しました。

ポーターズの名前をもっと知ってほしい。商品をもっと知ってほしいという想いから、2009年に人材ビジネスに特化した唯一の専門誌『ポーターズ・マガジン』をスタートします。取材や編集などの経験もない中でのチャレンジでしたが、私にとっては業界の事を深く知ることができ、業界の方々に発信していける自社メディアを立ち上げたことは大きな前進でした。年に4回の季刊で現在Vol.25(2015年2月現在)まで続けてきました。

私は編集長として、毎号さまざまな方にインタビューさせていただいています。私の人材ビジネス経験よりもキャリアのある方々のお話を伺っているので、とても勉強になる楽しい仕事です。また、「貴社の新しい取り組みがあったら教えてください」とお願いすることで、ネットワークができ、いち早く情報をもらうことができるなど、より内容の充実が図れていると思います。業界の情報をお届けすることで、「人材ビジネスのことなら、ポーターズに聞けば分かる」と言っていただけることが目標です。

やりたいことのために飛び出す

子どもの頃は父親の仕事の関係で、東アフリカのタンザニアで小学校4年生から中学校1年生までの約3年間過ごしました。私たち子どもは楽しかったのですが、母は日々起こる「断水」や「停電」に苦労したと思います。その後、父のケニア赴任の辞令とともに、母は私と弟を連れて日本へ帰国。しかし私たち姉弟が「またアフリカに行きたい！」と主張し、1年後にはケニアのナイロビに移り住み、そのまま高校卒業まで過ごしました。

帰国後は日本の大学を受験し、「将来は教師になろう」と決めて教育学科を専攻しました。教師を目指したのは、父がケニアへ赴任した当初、1年だけ通った日本の中学校の担任教師の情熱が新鮮で、とても印象的だったからです。日本の学校はイベントが多く、先生がリーダーとなってクラス全体が一致団結して取り組んでいました。

しかし教育実習まではやり終えたものの、「何か違う」と教員免許は取らず、そして就職先も決めないまま卒業し、約3ヵ月間は、都庁のパスポートセンターで嘱託として働きました。その後ご縁があって、創業3年目のベンチャー企業にアルバイトとして入社し、西森と出会います。その会社で人材紹介会社として立ち上がる過程を見ることができたことや、紹介ビジネスの面白さを知ったこと、すべてが現在の基盤になっていると思います。

プライベートでは、趣味のゴルフが縁で結婚した夫がいます。彼もたまたま私のシンガポール立ち上げ準備期間中の昨年夏より札幌に単身赴任となりました。東京にいる時もふたりでの時間を過ごす時は飛行機移動だったので、飛行時間は異なるものの、私にとっての距離感はそれほど変わりません。

ポーターズ創業時から、「自分たちのサービスでグローバルな人材ビジネスを可能にしたい」という想いがあり、お客様の要望で英語版を作ったことはありましたが、プロ・エージェントはカスタマイズ性に限界がありました。そこでこれまでの経験やノウハウの蓄積をもとに、グローバル利用を念頭に新たなアプリケーションサービスを開発しました。

これが２０１２年にリリースしたＨＲビジネスクラウドで、現在は日本語と英語に対応しています。データベースの入力言語は何語でもＯＫ。国によってフローや必要なフィールドが異なりますが、ユーザー側でカスタマイズ可能で、初期投資を抑えられるという強みがあります。

東南アジアは特にクロスボーダーの紹介ニーズが高い地域です。しかし現実には、仮に同じマルチナショナルカンパニー（ＭＮＣ）に属した紹介会社であっても、国によってシステムが異なって情報共有ができないというのが現状です。もしシステムを共通化して、シンガポールの求人情報と東京のデータベースにあるシンガポールで働きたい求職者の情報をマッチングできれば、人材紹介の世界は大きく変わります。

グローバルに人材ビジネスを行っている日本企業、欧米系ＭＮＣ、そしてＡＳＥＡＮ諸国のローカル企業まで導入を目指します。

日本国内では人材ビジネスサービスプロバイダーの先駆けでしたが、海外には多くの先行企業が存在します。その中でのチャレンジです。今後は拠点も各国、各都市ごとに増やし、世界の人材情報を繋げて業界を牽引していきたいと思っています。

インタビュアーの目線

普段は自社媒体『ポーターズ・マガジン』の編集長として取材する立場であるということで、逆に取材を受ける側となった今回、カメラに照れまくっている姿がとてもチャーミングでした。小学生から高校生まで東アフリカで過ごしたというのですから、まさに満を持しての海外進出。これからのアジア展開で本領を発揮されるのが今から楽しみです。

藤田 裕司

ENZAN (ASIA) PTE. LTD.
Director

Yuji Fujita

1979年、山口県生まれ。広島修道高校卒業後、1998年京都大学工学部に入学、2004年同大学院修了。学生時代はメタンハイドレート含有地盤の解析を研究する一方で、アルバイトで貯めたお金で海外を旅行し、旅行者や現地の人たちと直に触れ合う。卒業後は大手通信会社に就職、鹿児島県に赴任。離島を含む県内通信設備構築に携わるが、縁あって京都に本社を置く㈱演算工房に転職。画像解析等の研究や新商品の開発、トンネル工事に使うシステムの海外サポートを行う。シンガポールに拠点を立ち上げ、責任者として既存ビジネスの確保と新規顧客・新規市場の開拓、新規商品の開発に邁進中。

CONTACT

4010 Ang Mo Kio Avenue 10, #05-03, Techplace1, Singapore 569626
http://enzan-k.com

世界中にトンネルを掘り、人と人を繋ぎたい

3K＝3D現場にITソリューションを

現在シンガポールでは、地下鉄を主にしたトンネル建設プロジェクトが目白押しです。

トンネルを掘るのは、直径約7メートル、長さ約10メートルの円筒の形をした、先端が回転しながら前進していくシールドマシンという機械で、これを使って上手に掘るためのシステムが当社の製品です。業界では当社の名前を取って〝enzan system〟と呼んでいただいています。

システムはまずカーナビのような役割を果たし、あらかじめセッ

POINT

- システムも人のサポート力で差がつく
- 価値観や文化の違う人たちと働くのは刺激的
- 失敗しても、諦めず挑戦する

トしたルートに沿ってマシンをナビゲートします。測量器を自動制御し、複数のセンサーを使うことで精度を保ち、軌道が誤差5センチ以内に収まるようマシンをガイダンスしていくのです。システムにはセンサーが集めた各種のデータを記録するドライブレコーダーのような役目もあり、現場のエンジニアたちに多様な情報を提供します。このシステムはこれまで日本を含め、世界20ヵ国、約1000本のトンネル工事に利用されています。

最初にシンガポールのトンネル工事に当社のシステムが導入されたのは10年ほど前で、この時は日本のゼネコンからのお声がけによるかたちでの参加でしたが、シンガポールを含むその他各国での実績も増やし、今では日本以外のお客様からもお仕事をいただき、各国のプロジェクトに参加させていただいています。

シンガポールの公共交通機関は現在全長180キロですが、2030年までに360キロとなる計画が発表されています。これは現在の東京の地下鉄(東京メトロ＋都営地下鉄)に匹敵する大工事です。その大多数の現場で、当社のシステムを使って掘削することを目標としています。

トンネルを1本掘るためにたくさんの人(人種・職種)が関わります。そして地面の下というのは、目で視ることができないため、何が起こるか分からない世界です。当社のようなＩＴソリューションを導入しているとはいえ、環境をある程度コントロールできる工場などに比べて不確定要素が多く、いわゆる３Ｋの労務集約型現場です。

言葉遊びのようですが、私は日本の３Ｋ（きつい、汚い、危険）を英語でDifficult, Dirty, Dangerousの３Ｄと説明しています。私たちのシステムはこのきつい・汚い・危険の３Ｄ現場に三次元（３Ｄ）でマシンをガイダンスするＩＴソリューションを提供しているのです。当社のシステムで集めているデータをもっと活かした、新しいサービスを開発して現場に貢献していきたいと考えています。

ニッチな業界ではありますが競合他社は存在します。２０１３年4月にシンガポールで駐在事務所を立ち上げ、現場に足繁く通い、もっと海外に展開するためにはどうするべきか、たくさんヒアリングしてきました。システムの操作は納品時の1週間で現場ユーザーに覚えてもらいますが、その後もユーザーからの質問に対して迅速に対応したり、要望に対してシステムを改良したりしています。現地に拠点を置くことでお客様からのフィードバックを直接受けることができる、有利な体制ができました。

システムの良し悪しの判断、差別化に繋がるのは、システム自体は当然として、「サポートが良かったから」ということが多々あります。だからこそ、全力でサポートしてお客様の心を掴むつもりで臨んでいます。

また、システムのユーザーだけに留まらず、各プロジェクトにたくさんの国からいろいろな職種の人たちが関わっているので、彼らが将来自国に帰った時にそれぞれの国で当社のシステムやサポート力の良さを広めていってもらいたいと思っています。

世界の都市を巡ると、都市の発展は同じ流れを辿ると感じます。まず地上の発展があり、ある程度開発が進むと地下の開発が始まり、地下鉄や道路、上下水道、共同溝などのトンネルが作られていくのです。

数年前までは中国を主とした世界各都市のトンネル工事にシステムを提供していましたが、最近はジャカルタやホーチミンなど、東南アジア各地でも地下鉄工事が始まっています。インドではデリー、ムンバイ、バンガロール、チェンナイで実績がありますが、新しいプロジェクトも進んでいます。

これまでも海外業務は多かったのですが、2011年からは特に増え、アメリカ、メキシコ、中国、台湾、タイ、ドバイ、そしてシンガポールの現場に関わらせてもらいました。1ヵ月のうち1週間から半分は海外に行っていました。

シンガポールの地下鉄工事についても、私が関わり始めた当初は月に1回ペースで日本から通っていましたが、シンガポールや周辺各国にビジネスチャンスを感じ、駐在させてほしいと会社に進言しました。駐在員事務所を立ち上げて1年が経ち、2014年の6月、現地の会社と組んで、数ヵ月前から準備していたLTA(陸上交通庁)の新しいプロジェクトを正式に受注することができました。同時に、駐在員事務所をENZAN(ASIA)PTE.LTD.として法人化し、私が現地責任者に就任しています。

トンネルを通じて人と人を繋ぐ

私は工学部の出身で、大学・大学院と土木工学を学びました。卒業後に就職したのは大手通信会社で、最初の赴任地は鹿児島県でした。学生時代から興味があったITと土木で学んだインフラ構築を組み合わせた仕事がしたいと考えていたのですが、成熟した大きな組織の中では、自分のやりたいことと実際の仕事との差異に疑問を感じるようになりました。そんな時に学生時代にアルバイトをしていた京都の会社(株)演算工房と再度ご縁があり、転職を決めました。

アルバイトをしていた当時から、演算工房の海外ビジネスは軌道に乗りつつありました。そして、私が社員として戻ってきた頃にはさらに海外案件が増えていました。海外展開の波にうまく乗れたのだと思います。入社2年目には私も海外に出るようになり、最初はソウル、次はイスタンブールのボスポラス海峡トンネルの現場に行きました。学生の頃から海外で仕事をしたいと思っていたので、海外での業務は苦になりませんでした。

私が生まれ育ったのは広島県広島市の外れです。海外との接点などほとんどない田舎でしたが、あるとき父が仕事で2週間ほどアメリカに出張し、お土産に黄色い紙のノートを買ってきてくれました。その色合いも触った時のざらざらした感触も自分の知っているノートとはまったく違い、外国にはこんなものがあるのかと憧れが芽生えたのです。小学校4年生の頃には英語に興味を持ち、近所の寺の境内でやっていた寺子屋のような英会話教室に通い始めました。

大学時代に初めて海外に出て、バックパッカーの旅をしました。最初に訪れたのはイギリスで、映画「トレインスポッティング」に触発されてロンドン〜エディンバラを往復しました。その時は友人と2人でしたが翌日から別行動になり、旅先の宿で一緒になった人と友達になったりして一人旅の楽しさを覚えました。それからアメリカ西海岸やニューヨークへ行ったり、ユーレイルパスでヨーロッパ各国を巡るなど、アルバイトでお金を貯めては海外に出ました。東南アジアを旅したこともあります。旅に出るたびに、価値観や文化などまったく違う人たちと出会い、そして将来はこういう人たちと一緒に仕事がしたいと思うようになりました。

シンガポールに腰を据えてから、新しいチャレンジがたくさんあります。今は自分とローカルスタッフ2人だけの小さな会社ですが、ずっと技術畑にいたので経営は未経験。トップ兼ペーペーの新米です。そして、今やっていることが一番面白いと感じています。

かつて海外を旅行したり、大学で研究したり、会社でシステムを開発したりした断片的な経験が、すべてがひとつに繋がって仕事に活かせるようになってきました。また、出張ベースで通っていた頃より遥かに人との繋がりが広がりました。シンガポールはもちろん、それぞれのプロジェクトには世界中からいろいろな国の人たちが集まってきています。役所、企業のお偉いさんとお話しする機会もあれば、現場で作業をしている人たちと一緒に汗水流して過ごす時間もある。かつて望んだ以上に世界中のさまざまな人たちと一緒に仕事をすることができています。ダイバーシティを肌で感じ取れる刺激的な環境です。

私はこれまでトンネルづくりというのはPlace to Place、つまり場所と場所を繋ぐものだと思って仕事をしてきました。しかし、こうやってトンネルづくりをすることで、「People to People」、つまり人と人との繋がりを広げる仕事でもあるのだと気づいたのです。

私自身もまわりの環境が変わるたびに、数々の素晴らしい出会い、悲しい別れがありましたが、それらがすべて今の自分の糧になっています。

これからますます世界中のトンネルづくりに関わり、"enzan system"を広めていきたい、この地球の地下開発に携わり、世界中の人たちを繋げて貢献していきたいと気持ちを新たにしています。今までも会社にはたくさん失敗を経験させてもらってきました。失敗した分だけさらに次のチャンスが巡ってくる。だから、ひるむことなく挑戦し続けていこうと思います。

インタビュアーの目線

「リアルな空気感をお伝えしたい」という藤田さんの熱意により、ダイナミックな発展を続けるシンガポールの地下で粛々と進むトンネル工事の現場取材が実現。日本人が世界のインフラ作りに貢献している様を目の当たりにして、誇らしい気持ちになりました。ワインが大好きという藤田さんのエスコートで夕食もご一緒していただき、素敵な一夜でした。

猪塚 武

A2A TOWN (Cambodia) Co.,Ltd
President

Takeshi Inoduka

1967年、香川県出身。早稲田大学理工学部物理学科、東京工業大学大学院理工学研究科修了。アクセンチュアを経て1998年に株式会社デジタルフォレスト社を設立。会社売却後、2010年に日本を離れ、4年間のシンガポール生活を経て2014年1月より家族でプノンペンに移住。高原リゾート、大学、産業クラスターを含む「リゾート学園都市vKirirom」を経営する。世界的な起業家組織EO（Entrepreneurs' Organization）の日本支部会長、アジアの理事を務め、世界的な起業家人脈を持つ。和僑ASEANディレクター。

CONTACT

#253,255 E0, Borey Bi Pup Tmey-Boeung Chhouk,Road 2011 (Ouknhar Tri Heng Road), Street E,Khan Po Sen Chey, Phnom Penh City, Cambodia
http://www.vkirirom.com/ja/

森の中の舗装路から始まった都市を作るという大実験

選挙、起業、買収、そして再び起業へ

私たちはカンボジアのキリロムという国立公園の土地を利用して、リゾート学園都市を作っています。「軽井沢を作りながら筑波大学を誘致している」イメージです。キリロムは軽井沢と同じく、高原にある避暑地で、首都プノンペンから100キロほど離れています。車で2時間半かかりますが、いずれ道路が整備されれば1時間半になるでしょう。

カンボジア政府から現在借りている土地は契約ベースで約2000ヘクタール。つまり20キロ平方メートルです。キリロムの

POINT

- 正しいことを続けていれば応援してもらえる
- アジアでは日本人であるという強みが重要
- 国家レベルのプロジェクトに参加できる

価値は、自然溢れる森。手間はかかっても木を伐採せずに施設を建てたり、道を作ったりしています。

現在の事業は土地の一部分を利用した第1フェーズの緒に就いたばかりなので、住人も今は社員150名だけですが、最終的には10万人が住む都市になる予定です。事業は2012年から取り組み始め、スティーブ・ジョブズのコネクティング・ザ・ドッツのごとく、自分の経験がすべて繋がり出したと感じています。

子どもの頃からアインシュタインが好きで、学者になるつもりで大学では物理学を専攻しました。博士課程まで進みましたが「このままでは日本が危ない」と今の政治に危機感を感じ、政治家を目指しました。今引き返せば、将来的な財政破綻を回避できると考えたのです。選挙資金が必要なので、当時最も初任給が高かったITコンサルティングファームに就職し、1年余りで資金を稼ぎ出馬しましたが、あえなく落選。もう一度選挙に出るために、資金を稼ぐ手立てを考えました。

その時、ちょうど世間はITブームで、博士課程でスーパーコンピュータを使っていた経験と、一流コンサルティング会社出身というブランド力で、幸いにも仕事をいただくことができました。これだけの複数案件があるのであればと、1998年にデジタルフォレストというIT企業を立ち上げました。

次の選挙では出身地である香川県から出馬したかったので、起業も香川でしました。最終的に70名程度の株主を得ましたが、そのおよそ半分は香川県民。この経験から、世の中に対して正しいことをしていると、それを理解し、多くの人たちが応援してくれることを学びました。

創業当初は東京を離れたこともあり苦労しましたが、２００3年にヒット商品が生まれ、やがてウェブアクセス解析のリーディングカンパニーとしての地位を確立。中国とインドに子会社を作り、２００8年には資本金を4億円ほど調達し借り入れを8億円まで増やしました。軌道に乗り始めたと思った時に、やってきたのがリーマン・ショックです。このタイミングでNTTコミュニケーションズからの買収の話を持ちかけられ、最終的にはこの話を呑み、大企業の子会社の社長という立場になりました。しかし、大企業というのは起業家が生きていくのがとても難しい場所で、結局1年で退社。会社を売り払った今、守るべき社員はいなくなりました。手元には売却資金が残ったので、何かできるという状況になりました。

そこで第二の起業を目指し、まずはシンガポールに拠点を作りました。シンガポールを選んだ理由は、移住して自分の子どもたちに英語をしっかり学ばせるには最適な国だと判断したからです。２０１５年末にＡＳＥＡＮは経済統合され、今まで以上に大きく発展することが予想されます。ＡＳＥＡＮの中心であるシンガポールには多くの日系企業が進出しています。東京に出ることを上京といいますが、シンガポールの場合には上星といった感じです。

ここで始める会社の肝心の事業内容については、最初の会社は流れに任せて決めてしまったので、今回は慎重に決めることにしました。

2年ほどアジアの国々を巡り、ＡＳＥＡＮ周辺について研究しました。取り組んでみたい事業はたくさんありましたが、「きっと他にいいものがある」とぐっと堪えてベストなものが見つかると信じて我慢しました。そのうち、海外では自分の日本市場における強みより、日本人としての強みのほうが重要だと感じるようになりました。そして、誰をパートナーとし、その国にどんなニーズがあるのかを重視するようになりました。

そういう目で見ると、例えばインドや中国は外資規制が厳しいですし、シンガポールはとても自由でハンディキャップは少ないですが、その代わりメジャーリーガークラスのプレイヤーが世界中から集まっていて勝つのは難しい国でした。

そうしてベストな競争環境だと判断したのが、カンボジアです。市場のレベルとしてはミャンマーも似ていると思われがちですが、ミャンマーには外資規制があり、強豪プレイヤーもすでにたくさん集まっています。カンボジアにはそうした障害がないうえ、日本が最も多くの寄付をしている国なので、スーパー親日国です。日本人としての強みを生かすことも十分にできる土壌があると思いました。

森の中で学び、働き、暮らすための都市作り

実際に現在の事業に取り組む決心をしたきっかけは、パートナーの現地旅行代理店協会事務局長にキリロムへ案内され「あれ？　道路が舗装されている」と気づいたことでした。山の中の田舎道がなぜ舗装されているのかと言えば、そこがかつての国王シハヌークの別荘があった場所だったからです。そこで、キリロムについていろいろと調べていくうちに、別荘があった土地が今は国立公園として眠っていて、政府から土地を借り受けることができると知り、リゾート構想が生まれました。

軽井沢も最初は外国人宣教師が立ち上げ、今では日本人の避暑地です。キリロムの最終的に90%くらいはカンボジア人のためのリゾートになると考えています。

リゾート作りに向けて社員を教育するうちに、これを体系化して大学を作れば、企業が欲しいと思う人材を大量に育成できると思いました。つまり、カンボジア人など新興国の

リーダーを作る、高い給料を稼げる人間を生み出すということです。これは進出してくる日系企業にとっても助けになります。

ハーバードがトップから世界を変えるなら、我々はピラミッドの底辺から世界を変える人材を育成することを目指しています。多様性を重視し、世界中から学生を集めて全寮制の環境で学ばせます。将来的に3万人を予定しています。

日本からのインターン生としてやってきた学生たちとの出会いも、大学づくりのきっかけとなりました。彼らは私たちの事業を見て「頑張らないと日本人は勝てないかもしれない」と衝撃を受けて帰っていきますが、彼らの柔軟性を見ていると私も「日本もまだ捨てたものではない」と安心します。将来的には学生と共にインターンも世界中から迎えて、インターンと大学で運営するリゾートになればいいと考えています。

アジア、特にマレーシアはリタイアして移住する日本人の多い国ですが、調べるうちにカンボジアのほうがニーズにマッチすることが分かり、大学の中にリタイアメントコミュニティを作る計画を立ち上げました。カンボジアは治安の良い国ですし、仏教国なので、例えば日本人が面倒を見てもらうとしても文化的に相性が良い。また、観光立国ですから、おもてなしの精神も持っています。

また、マレーシアでは外国人が買える家は３０００万円程度しますが、このキリロムでは3万米ドル以下です。為替にもよりますが約３００万円で、50年の定期借地権付きの個別住宅を得て自分の家として登記して住むことができます。もし15年後にリタイアする予定の人がいたら、ぜひ今購入して15年間は大学に貸していただきたい。そうすればドル建てで毎年金利８％程度がバックされ、15年後には購入費以上の金額が戻ってきている計算です。

事業は垂直統合型で進めているので、自らマスタープランを作り、測量し、建物や道路を作り、リゾートも大学も運営しています。すべて「自前」を心がけているのは、「アウトソーシングしないことで品質を保つ」という、あるインドの経営者のモデルにのっとっています。計画を決めてアウトソーシングすると、発注後に大きな失敗が起こる可能性があります。自分たちで進めていけば1週間単位の小さな失敗は起こっても、端から対処していくことで大失敗を回避し、より良いものを作り上げることができるのです。少しずつ作っては見直し、場合によっては一旦壊して、再度作り直すこともあります。ＩＴの世界にはアジャイルソフトウェア開発という方法がありますが、アジャイル都市開発と言えるかもしれません。

後発発展途上国とはいえ、国家レベルのプロジェクトに自ら参加できているという事実は、当然のことながら大変なことがたくさんあります。しかし、学生の時に学んだ地球物理学の勉強が測量に役立ち、学園都市の市長のような立場である今は、政治家を目指していた経験がとても役立っています。仕事のストレスがないといえば嘘になりますが、やりたくないのにやっているということはひとつもありません。

今後も、さまざまな町を作っていきます。最終的には70年後に完成する息の長い計画です。この事業は大掛かりな実験でもあります。これから新興国に進出する日系企業と一緒にこの実験を推し進められたらさらに面白いでしょう。リバース・イノベーションの機会もたっぷりあります。もう自分だけでは遊びきれないから、みんなで一緒に遊びたいというのが私の願いです。

インタビュアーの目線

「ゼロからイチを作るのがベンチャー」とは言うものの、猪塚さんは道や橋を造り、家具や炭も手作りするところから始める究極のアントレプレナー。1年前に伺った際にはまだオープン前で、正直ここに人が来るものかと思ったものです。今回はレストランも完成し、バンガローも満室。たくさんのお客様で賑わう光景に、期待が一気に膨らみました。

鳴海　貴紀

Creative Diamond Links Co., Ltd.
代表者

Takanori Narumi

1972年、北海道生まれ。厚生労働省出身。会社は首都プノンペン中心地で好アクセス。お客様エリアの広さ・開放感は随一。17,000人以上の豊富な登録者、340社以上の取引先から迅速で適格な紹介が定評。感謝され・親しまれ・愛される存在をモットーに邁進中。ブログ更新中→http://カンボジア人材紹介.com/

CONTACT

Tous Les Jours Monivong Building, 1F, #298, St.93 (Monivong Blvd.),Boeung Raing,Daun Penh, Phnom Penh, Cambodia
http://cdl-consultant.com/jp/

求職者の目線でカンボジアの人々に仕事を紹介する

カンボジアにはハローワークがなかった

小学校の卒業文集に、私は「社長になりたい」と書きました。私の父は脱サラして「社長」になり、おかげで家計がいつも火の車でしたが、それでも将来の夢に「社長」を挙げたのは、おそらく父がとても生き生きとしていたからでしょう。

高校は進学校に進みましたが、ここでまったく勉強が好きになれず、受験勉強にも身が入りませんでした。母の勧めで滑り止めのように受けた公務員試験だけは合格しました。だったら大学受験を諦めて、公務員になればいいと思い始めていた時、同じ試験に合格し

POINT

- 場所や職種にこだわらずに起業するほうが成功しやすい
- 新興国では前倒しに物事が進む
- スローガンと強烈なリーダーシップで会社は変わる

ていた小学校以来の友人から連絡があり、試験に合格するだけではだめで、自分で希望する官庁に申し込まなければならないと教えられました。

慌てて探すと、まだ空きがあるのはハローワークくらいでした。当時の私は、仕事を斡旋する機関があることすら知りませんでしたが、それでよく面接で合格したと思います。1990年の春からハローワーク函館で働き始めましたが、それは社長になるという夢からは程遠い選択でした。

ちょうどバブル崩壊の頃で、ハローワークの真価が問われる時でした。仕事を求めてたくさんの方が訪れます。求人が少ない中で、求職者の方のために仕事を探し、働き口を見つけることはとてもやりがいがありました。同時に、お客様の立場になれていない部分が多く、業務の改善を上司に訴えたのですが、まったく話が通りませんでした。本気で変えるなら行政の中枢に行くしかないと思い、私は北海道の中枢である札幌の道庁（現在の北海道労働局）に異動し、その後日本の中枢である東京・霞が関の労働省（現在の厚生労働省）へと異動しました。

しかし本省に入ると、業務の改善はおろか、大きな組織の歯車となるだけの日々でした。ハローワークでは相談に来た方の喜ぶ顔が見られましたが、異動するたび、そうした喜びややりがいからも距離ができてしまいました。毎日のように役所に泊る日が続き、地下鉄のホームから飛び込みそうになるほど精神的に追いつめられた時もありました。北海道にいる間に結婚して子どもも生まれましたが、自ら命を絶つことを最後の最後で選択しなかったのは、守るべき家族の存在があったからです。しかし、いろいろな理由から、最終的に妻とは離婚してしまいました。

北海道出身者は意外と寒さに弱いものです。特に東京の冬は寒い。心身ともに疲弊していた私は、仕事を辞めてどこか暖かいところに行きたいと考えるようになりました。昔からリタイアしたら沖縄か、東南アジアまたはブラジルに住みたいと思っていたので、家族のために公務員であり続ける必要がなくなった今、温暖でエネルギッシュ、そして親日な国という基準でカンボジアを選び、２０１２年３月に10日間ほど「視察」として行くことにしました。

具体的には何も決めていなかったことが、かえって良かったと思います。カンボジアでこのビジネスをやるんだ、とか決めてかかると自分の思考に余計なバイアスがかかりますから。

アンコールワットで有名なシェムリアップに着いてみると、やはりエネルギッシュな街でした。欧米人が多く、東洋系の人を見かけても中国人か韓国人で、日本人はほとんど見かけません。でも、夜道を歩いていると背後から流暢な日本語で話しかけられました。振り返ってみると、カンボジア人のバイクタクシー運転手でした。それだけ日本語が上手なのに、なぜ日銭を稼ぐような運転手の仕事をしているのかと聞くと、彼は「コネがないから」と答えたのです。せっかくこれだけ高い能力を持っているのにと、私は驚きました。

その頃のカンボジアには求人誌やハローワークのようなものはほとんどなく、人々は街中の壁や柱に貼り付けた紙か、口伝えにより不動産や求人の情報をやりとりするのです。つまりマッチングインフラが整っていないのです。

滞在2日目には場所をプノンペンに移し、その後もずっと人材紹介会社などマッチングインフラについて調べ続けました。人材会社はあっても、スタンダードというものが存在しませんでした。本来、求人者と求職者の双方がお客様であるはずですが、お金を払ってくれる求人者にサービスが偏重していて、求職者がないがしろにされているように思えました。カンボジアの人たちをコネクションがなくても自分の能力やスキルに合った仕事に就けるようにしてあげたい。人材紹介ではなく職業紹介をしたい。そう強く思ったのです。

帰国してすぐに辞表を出しました。国家公務員として22年勤めて、こんなふうに辞めることに周りは驚いたでしょう。でも自分では南国リタイア生活が少し早まっただけだという認識です。

ただ、仕事をするなら語学力が必要になるので、3ヵ月間はフィリピンに語学留学するつもりでした。身辺整理をして5月にカンボジアに戻ると、語学留学している暇はないとすぐに考えを変えました。それくらい、たった2ヵ月間でも街は明らかに発展していたからです。3ヵ月も外に出ているわけにはいきません。仕事は通訳をつければいいと楽観的に考え、すぐに法人登記の手続きを進めました。信用を得るためにプノンペンタワーという家賃の高い高層ビルの中にオフィスを借り、11月頃にようやくお客様から仕事がもらえるようになりました。それでも翌2013年の1月まで赤字続きでした。

最初に苦労したのは「何をやっている会社なのか」を認識してもらうことでした。トライアンドエラーを繰り返し、毎日オペレーションを修正しました。朝から夜中まで働き、とにかく必死です。カンボジア人に適正な仕事を紹介したいという強い想いが、頑張る原動力となり、2月になってようやく黒字に転じました。

この月、私はカンボジア人女性と結婚しました。日本語を話せる女性だと紹介されてから、あっという間に結婚が決まりました。式場でも私がパソコンを持ち込んで仕事をしていたので妻の親族から不評を買いましたが、結婚してからは夜中まで働くようなことはなくなりました。そして、妻を通してカンボジアがより一層身近に感じられるようになりました。

感謝され、親しまれ、愛されるために

カンボジアでは新規事業立ち上げに対する求人が圧倒的に多い。大事な求職者を紹介するのだから、こちらは成功する会社に紹介したいと考える。ところが旅行会社を作るというので紹介したら、その会社が創業してすぐにIT会社に変わってしまうといったことが平気で起きるのがカンボジアです。だからこそ、求職者の目線で職業紹介をしていくという姿勢を大事にしています。

必要にかられて、マーケティングの会社も作りました。そしてこの会社から経営者やコンサルタントのインタビュー、業者の連絡先など情報の詰まったフリーマガジンの発行も始めました。自分が来た時にこういうのがあったらよかった、というような雑誌です。

マーケティング会社にしても雑誌の発行にしても、実現するのはもっと先のことだと思っていました。新興国のスピードは、思ったよりもずっと速いのです。スピード感も敏感に感じ取らなければすぐに置いていかれます。

2015年にASEAN経済共同体も発足し、おそらく人材紹介会社も統合していく傾向になるでしょう。当社も隣国の優秀な人材会社と競合、あるいは合併という将来が待っているかもしれません。

そこで生き残っていくために、私たちはカンボジアで揺るぎないナンバーワンになることを目指しています。そのためにカンボジア経済に密着した事業展開をしています。

会社のモットーは「お客様に感謝され、親しまれ、愛される存在になる」ことです。これを、スタッフには全員暗記させています。フランス人、ドイツ人、中国人のスタッフには、それぞれ母国語に翻訳してあります。

感謝されるだけでは普通の会社です。その後に親しまれ愛されて、そして信頼を勝ち得てこそナンバーワンの会社になれます。それは一朝一夕には達成できません。

実はこのスローガンは、私が厚生労働省時代に1年だけ地方のハローワークに出向した時、所長が皆に唱えさせたものです。当時そのハローワークは県内ワーストワンでした。民間の発想なら改善できるのではないかと元大手メーカーの支社長が所長として呼ばれ、私は現場との潤滑油的存在となるべく本省から送り込まれたのです。最初は私も大変な思いをしましたが、このスローガンを唱えながら所長は強力なリーダーシップで皆をまとめていきました。そして、なんと1年後にはナンバーワンのハローワークへと変貌させたのです。

私もあの時の所長のように、会社をナンバーワンに押し上げたいと考えています。次のＣＤＬの社長は日本人でなくてもいい。日系のマーケットは小さく、この会社に日本色は不要です。むしろ日本らしさを脱却して、人材という言葉にリンクしたあらゆるサービスを提供する、他に類を見ない会社として成長していきたいと考えています。

インタビュアーの目線

厚生労働省の官僚という誰もが羨む地位を捨て、あえて発展途上にあるカンボジアで第二の人生を歩み始めた鳴海さん。それから僅《わず》か3年くらいの間で会社を軌道に乗せ、さらにはカンボジア最大手のテレビ局「CTN」で朝のニュース番組を持つ美人アナウンサーを奥様に迎えるのですから、人生の面白味をつくづく考えさせられるインタビューでした。

薛 悠司

EVOLABLE ASIA Co., Ltd.
CEO

Yusa Sol

慶應義塾大学在学中に有限会社VALCOM(現株式会社エボラブルアジア)の立ち上げに参加。2005年、株式会社リクルートに入社。2011年、Soltec Vietnam Company社を立ち上げ、代表取締役に就任。2012年ITオフショア開発事業のEVOLABLE ASIA CO.,LTD(ベトナム法人)を創業し、代表取締役に就任。2015年3月に同法人を500名体制に拡大させ、東南アジア最大の日系オフショア開発企業に成長させる。2014年に東南アジア展開を促進させるため統括法人としてSOLTEC INVESTMENTS PTE.LTD.(シンガポール法人)を設立し同社代表取締役に就任。2014年 AERA誌の選ぶ「アジアで活躍する日本人100人」に選出される。

CONTACT

4F Saigon Finance Center, 9 Dinh Tien Hoang Street, District 1, HCMC, Vietnam
http://evolable.asia/

東南アジアから世界を代表する企業を作る

ラボ型オフショア開発でベトナム最大の日系企業に

当社の売上のうち85%は日本市場向けのオフショア開発（システム開発）、残る15%は日本市場向けのＢＰＯ（ビジネス・プロセス・アウトソーシング）が占めています。会社設立は２０１２年３月。当時の従業員は10名でしたが、３年で約５００名（２０１５年３月）に成長し、現在東南アジアの日系法人の中で最大規模の開発、ＢＰＯ事業者となりました。

このように短期間に急成長できた理由として、ラボ型オフショア開発に特化したことだと考えています。ラボ型開発の特徴は、お客

POINT

- ビジネスモードで旅をすると感じ取るものが違う
- 日本にない「熱量」の高さがアジアの可能性
- フェアな人事評価が会社の成長に繋がる

様と一緒にラボのメンバー選定を行い、専属の開発ラインを当社の中に作ることです。受託型のようにプロジェクトごとにメンバーが変わり、複数のお客様の仕事を兼務することはなく、安定的な運用ができることで、お客様の信頼と満足度をより高めるのだと思います。

ラボ型オフショア開発が事業としての可能性を感じたきっかけは、オフショア開発の失敗のほとんどがコミュニケーションの齟齬《そご》によるものだったからです。お客様と一緒に開発を進めるスタイルであればしっかりコミュニケーションも取れ、成功すると感じたのです。創業当時、そのスタイルで、株主向けのシステム開発に成功したことにより確信を持つことができました。サービスをスタートした2年目には顧客紹介率が跳ね上がり、現在成功率が50％以下と言われるオフショア開発事業において、サービス継続率90％以上かつ増員率が80％以上と圧倒的な顧客満足を実現できたのです。

私の経歴としては20歳で仲間と共に学生起業をし、大学卒業後にはリクルートに入社しました。入社5年目に入った２０１０年のＧＷを、私はベトナムで過ごしました。縁あってベトナムで会社を設立してほしいというオファーを受けていたので、その視察のためです。

工業用地の選定で土地を見て回ったり、コアメンバーを探して面接したり、ビジネスモードの旅はとても楽しいものでした。しかも、街も出会う人々も熱量がとても大きい。この熱量の中に身を置きたいと思ったのです。平日の夜でも、街に遊びに行けば圧倒的に若い人たちが多い。日本では味わったことのない、若さのエネルギーが溢れていました。若者たちと接して「一生懸命に頑張ろうとしている人たちが確実にいる」と思ったことも、気持ちがベトナムに向いた大きな要因です。

特に衝撃を受けたのが、実務研修制度を利用して日本で溶接を学んだという青年との出会いでした。彼は日本語が上手で、話をすれば誠実で頑張り屋であることが伝わってきました。しかし、彼がせっかく日本で学んだ技術を活かす職場はなく、日本人客の多いアパレルショップで売り子をしていたのです。彼は欧米人にも対応できるよう英語も独学で身につけていましたが、裕福な家庭出身ではなく高卒の彼はどれだけ頑張っても豊かになれない。彼から「どうしたら僕はお金持ちになれるんですか？」と質問された時、私は答えに詰まりました。

こんなふうに頑張っている人たちが、フェアに評価される仕組みを作りたい。その思いが、ベトナムに来ることを決意させたのです。ＧＷ明けに出社した私は、その日のうちに「退職します」と会社に伝えました。年末まで勤めを続けながら、ベトナム法人を立ち上げる準備を進めました。

社員を大事に、会社とともに成長する

渡越後に予定通り依頼されていた会社を立ち上げ、その後現在の会社を起業しました。「頑張る人たちを、できるだけ大きな規模で幸せにしていきたい」というあの時の思いを実現しています。

先日、社内表彰制度で受賞した社員が「温かくて居心地が良く、プロフェッショナルな雰囲気で、社員は最大限のパフォーマンスが出せる」と評してくれました。さらに受賞者へ実施するFacebookインタビュー内で「社内で尊敬する人は？」という質問に対して、初めて私の名前を挙げてくれました。その理由が「ソルさんが社長だからではなく、エボラブルアジアの立ち上げから立派に成功し、ソフトウェア開発に興味を持つベトナムの若者に能力を与えているから」と回答してくれて、とても嬉しくなりました。

なお、私に衝撃を与えた例の青年は、いつの間にか当社の厳しい採用試験を経てコミュニケーターとして採用され、嬉しくも驚きの再会を果たしたのです。彼は不満を抱えていたあの頃の数倍の収入を得ただけでなく、大きなやりがいを感じながら働いてくれていま

す。

当社で働くメンバーは、国籍、年齢、性別に関係なく果敢にチャレンジして成長しています。その頑張りは確実に評価され、さらなる成長を促しています。こういうところも海外で働く魅力です。

その良い例が顧客サービス本部マネージャーの岩淵由香理です。まだ社員20名程度の頃に23歳で入社しました。秘書兼総務の仕事を担当していましたが、前職は日本語教師で会社勤務経験ゼロからのスタートでした。彼女の成長は著しく、お客様のサポートに入った時も高い評価をいただいています。それを象徴するエピソードとして「マネージャー以上は表彰されないことは知っているが、ぜひ岩淵さんを表彰してほしい」というメールが、複数のクライアントの連名で届いたことがありました。現在は、最年少マネージャーであるばかりか、今や社内では欠かすことのできない人物となっています。

岩淵と時期を同じくして入社したのが、Ｎｇｕｙｅｎ Ｔｈｉ ＰｈｕｏｎｇＡｎｈです。彼女は優秀なベトナム人で、現在3人いる役員のうちの1人であり、人事・経理を担当しています。当社に来る前はフランス系の世界的なゲーム会社、ゲームロフトにいました。まだ創業したばかりの小さなベンチャーだった当社の面接に来た理由は、自分の持てるノウハウをすべてこの新しい会社に注ぎ込みたいというものでした。現在の採用の形を作ったのも、緻密なデータ分析から次期戦略を立てているのも彼女です。当時マネージャーとして入社した彼女は現在では役員にまで成長しました。

日本など他国から転職してきた社員も、皆が収入減などのリスクを覚悟したうえで入社してくれています。中でも昨年入社した営業担当役員の柏木武志は、当時すでに49歳。もとは外資系IT企業にいて、日本で素晴らしいキャリアを築いていたにもかかわらず、すべてを賭けて当社を選んでくれました。

同じタイミングで転職してきた吉迫寿も年齢は柏木と同じ。上海でアパレル会社を経営し、すでに成功していた人物です。現在は海外での起業や経営の経験を活かし、ハノイ支社長を務めています。会社の成長を信じてジョインしてくれたメンバーのためにも、さらに貪欲で挑戦し続けるメンバーを増やしていくつもりです。

当社では、今後5年ほどでベトナムの日本向けオフショア開発マーケットは10倍になると考えています。現在日本の開発市場でオフショアが担うのはわずか1～2％。そのうち80％弱が中国であり、ベトナムは20％弱です。欧米の開発市場ではすでにオフショア開発が10％以上であることを考えれば、日本のオフショア開発率はまだまだ伸びしろがあります。また、ベトナムの市場の成長率を考えても、日本向けオフショア開発が増大するのは自然な成り行きです。

ベトナムは国家としても２０２０年までに１００万人のエンジニアを育成する方針で、東南アジア最大のＩＴ国家となることを目指しています。日本語学習者も東南アジアで最も多いと言われ、開発をサポートするコミュニケーター人材も豊富かつ優秀です。

当社は3年ほどで社員が10名から約50倍の５００名に成長しましたが、２０１７年末までに現在の10倍にあたる５０００名に、そして２０１９年末には20倍の１万名に成長する予定です。人数を増やすことで、ＩＴの領域で日本のエンジニア不足を解消するソリューションになるところまで成長させたい。そしてベトナムのＩＴ産業を牽引できる存在になりたいと思っています。

長期的には、私は社会変革を起こせると思っています。当社の社員が大事にされて幸せで、会社も儲かっているというプレゼンスが出せれば、その仕組みを参考にしたいという企業がきっと出てくる。その時は情報を全開示します。当社の仕組みを真似る会社がひとつでもふたつでも出てくれれば、少しずつでも社会は変わるはずです。

そしてその先にある「東南アジアを中心とした最高の企業文化でつながるコングロマリットを作る」ことが、今後20年追いかけていきたい私のテーマです。

インタビュアーの目線

僅《わず》か3年で10名だった社員数が500名に達するなど、破竹の勢いを見せる同社代表でありながら、取材中、自らのサクセスストーリーというよりも、スタッフの名前を挙げ、メンバーの成長のおかげと語る薛さん。ローカルスタッフを〝労働力〟ではなく、あくまで〝人〟として見ている姿勢こそが、会社の急成長を支える本質なのだと気づかされます。

長浜みぎわ

ICONIC co., ltd
取締役
人事労務コンサルティング部統括部長

Migiwa Nagahama

1981年、北海道生まれ。横浜国立大学教育人間学科部卒業後、日本およびフランスの中小企業を対象とする経営コンサルティング企業にて、新規事務領域の開拓支援を行う。2006年より青年海外協力隊プログラムオフィサー隊員としてウガンダにて民間職業訓練校における人材育成需要および労働市場で求められる人材需要に関する調査を実施。2007年に渡越後、三井住友銀行ホーチミン支店にて法人営業を担当。2010年よりICONIC取締役に就任し、ベトナム南部における人材紹介事業のマネジメントを経て、2013年よりICONICにとっての新規事業領域となる人事労務コンサルティング事業の立ち上げに従事。

CONTACT

10F Citilight Tower, 45 Vo Thi Sau, Dakao Ward, Dist.1, HCMC
http://www.iconic-intl.com/

公私にわたるパートナーとそれぞれの夢を追う

未知の場所に行くことに価値がある

当社は2008年5月にホーチミンで創業した、アジア発の独立系人材ベンチャー企業です。事業の柱となっているのは人材紹介事業と人事労務コンサルティング事業で、前者は採用フェーズに、後者は労務管理フェーズに対応した人材サービスです。私は後者の人事労務コンサルティング部門を統括しています。

創業社長の安倉宏明は私の夫であり、ビジネスパートナーです。新卒で入社した会社での同期で、同じチームで同じ釜の飯を食べた仲間でもあります。当時は私がフランチャイズ加盟店開発の営業を、

POINT

- ライフパートナーと共に、各自の夢を追うことは可能
- アジアのお母さんたちは、働くことで家庭を守る
- 問題解決する事業でグローバル化する社会はより良いものに

安倉はそのバックでフランチャイズ化する業態を作り込む仕事をしていました。

安倉は学生時代からドラッカーに影響を受け、どこかに新卒入社して社会人を3年経験したら起業すると決めていました。ただどのような事業を選ぶかは未定でした。

一方、私には「アフリカで中小企業の経営支援をしたい」という夢があり、社会人3年目に青年海外協力隊プログラムに応募してウガンダへ赴任しました。

アフリカに行きたいと思ったきっかけは、ごく単純なものです。中学生の時に見たTV番組で、日本とかけ離れたカメルーンの様子に驚き「この目で見てみたい」と思いました。学校の図書館にあったアフリカコーナーの書籍をすべて読破して、さらに関心が高まりました。行ったことのある人が周りにすでにたくさんいる欧米諸国よりも、誰に聞いても分からないようなところに行くことにこそ価値があると思いました。

念願叶って赴任したウガンダで、私はプログラム・オフィサー隊員として活動しました。現地の職業訓練学校を訪問し、協力隊員の受け入れ先を開発することがミッションです。受け入れ先には住居を提供してもらうので、その負担をしてでも日本人に教わりたいのかをヒアリングして111校を回りました。協力隊員から学んだことを活かす働き口がそもそもあるのかという労働市場側の人材需要調査もしつつ、1年間の任期で17件ほど求人を作りました。

その1年間、安倉とはいわゆる遠距離恋愛で、よく1〜2時間の長電話をしました。私がウガンダに行って半年経った時点で彼は退職し、渡越しました。「どの分野で起業するにしても日本のマーケットは飽和状態なのだから、海外に出たほうがいい」と考えたからだそうです。身近な私から新興国の話を日常的に聞いていたことも、影響したようです。

行き先をベトナムにしたのは、知り合いがベトナムで事業展開していたからで、実際に視察に出かけてみてベトナムでの起業を心に決めました。1年間その会社の営業マンとしてベトナムの地場企業500社を訪問し、ネットワークを作ってニーズを掘り起こして、人材紹介サービスの会社を立ち上げたのです。

アジアの幸せワーキングママライフ

安倉が渡越した半年後、ウガンダから一旦日本に帰った私も後を追い、彼と結婚。そして日系金融機関に就職して法人営業職に就きました。

アイコニックの創業時は、私はジョインしていません。彼の起業と私の夢は別のもの、私が収入基盤を作れば、彼は心置きなく挑戦できるし私も自分の夢を追えると考えました。

私が入社してボードメンバーとなったのは、2010年です。私には「アフリカの中小企業を支援したい」という夢があり、彼の会社にジョインし一緒に会社を発展させていく延長線上に、アフリカ展開の思いを遂げられる可能性が見い出せたからです。

現在は2人の子どももできて4人家族となりました。2人目の出産は、入院当日の朝まで日本から遠隔で指示を出し、陣痛らしきものがやってきた時に「このまま私が連絡しない時は出産だから、1ヵ月ほど連絡が取れなくなる」と皆に伝えてから病院に向かいました。

子どもは2人とも日本での出産です。2人目の時は産後1ヵ月で赤ん坊と共にホーチミンに戻り、さらに1～2週間経ったところで復帰しました。会社を休めたのは正味1ヵ月くらいです。

ベトナムの日々の生活はとてもラクです。ワーキングママをするなら絶対アジアがお薦めです。うちではフィリピン人のお手伝いさんが、毎日私が働きに出ている間中、家事や育児をしてくれていて、彼女がいるから私はバリバリ働けるのです。日本で同じことをしたら月に何十万もかかると思いますが、ここでは月に5万円程度の費用で済みます。

それに、働く女性に対する社会の目も温かいものです。私も子どもたちへの思いは強いのですが、そこに執着することなくひとりの人間として夢を追い続けられる土壌がありま す。出張で家を空ける時は罪悪感が生じますが、この国の人たちは「お母さんは働くものでしょ?」「子どもを人に預けて働いて、家庭を守って何が悪いの?」という感覚なので救われます。皆、子どもに対する許容範囲が広く、飲食店で多少騒いでも冷たい視線を受けることはありません。それどころか「ママとパパはご飯を食べているから、あなたはこっち」とお店の人が子どもと遊んでくれたりします。ベトナムでワーキングママをしていると、仕事と家庭を無理なく両立できることのありがたさをひしひしと感じます。若い頃から、「生涯働き続けたい」「世の中に対して価値を提供し続けたい」と思ってきました。それが無理なく実現できる環境です。

住環境も恵まれていて、100平方メートルクラスのアパートメントでも家賃は月に1000USドル程度、20万円もしません。一人暮らしの部下に聞くと、家具付きで光熱費込みのワンルームだと、家賃は月3~4万円くらいのようです。通勤はバイクです。ホーチミンは交通渋滞が多く、車もバイクもそれほどスピードは出ないので意外と大きな交通事故が起きにくいのです。

人材まわりで誰もがその名を知る存在を目指す

人事の現場は採用・労務・育成という大きく3つのカテゴリに分けられます。採用にフォーカスするのが人材紹介サービスであり、これは創業以来の柱です。

人事労務コンサルティングサービスは約1年間のR&Dを経て、2014年に正式リリースしました。私は2013年10月からこの新規事業立ち上げを引き継ぎました。

人材紹介サービスは、クライアントの8割5分が日系企業。残る1割5分は韓国系、フランス系、ドイツ系など外資系企業です。それに対して、人事労務コンサルティングサービスのお客様はすべて日系企業です。ベトナム人にいかに経営陣の考えをしっかり伝えつつ、モチベーション高く働いてもらうか、日系企業のマネジメント層の皆さんが苦心されているところをサポートしています。

具体的なサービス内容は多岐にわたりますが、中でも需要が高いのは人事制度設計です。日本の親会社は人事制度があるのに現地法人には何もなかったり、人事考課にロジックがなく、経営陣の感覚的な裁量のみであやふやに行われていることも珍しくありません。そうした現状に対応しながら、私たちは自ら開発したノウハウにさらに磨きをかけています。

この分野には日系企業の気持ちをつぶさに汲み取れるような競合他社がなく、正式リリースしてからすぐ収益化しています。営業も苦労していません。ただし、契約してから業務を完遂するまで作り込むには4～6ヵ月かかるほど作業量は膨大です。業務担当者のチーム編成が重要になっています。

私がジョインした２０１０年から、アイコニックは首都ハノイにもオフィスを設けてベトナム北部にもサービス領域を広げました。２０１２年には日本法人を立ち上げ、日本国内のグローバル人材採用支援事業を本格化しています。さらに２０１３年にはインドネシアの首都ジャカルタにも会社を設立しました。

人事労務コンサルティングサービスより人材紹介サービスのほうが収益性は高く、拠点を立ち上げる事業に適しています。ただし競合は激しく、リピート需要も取り込みづらい。また収益は成約ベースなので、来月の売上を今月見通すことが難しいビジネスです。

ですから人材紹介サービスでまず横展開をしてから、人事労務コンサルティングサービスを後ろから追わせてビジネスに深みを加えていこうと考えています。ローカル事情に長け、さまざまな進出企業の東南アジアにおける事業展開を人材面で総合的にサポートできる人材サービスプロバイダーになっていこうという戦略です。現在、人事における採用・労務の事業を展開しているので、中長期的には育成の分野への展開も考えていこうと思っています。

私たちは、グローバル化していく世の中で問題解決をしていく会社を目指しています。問題を解決したグローバル社会は、文化摩擦などを起こすことなくよりプロフィッタブルな社会になるはずです。

２０２０年代には、東南アジアで事業運営をしていると「人材関係だとアイコニックという名前が出てくるね」と言われるようになりたい。そして東南アジアをカバーしたら、新興国マーケットの開拓者としてアフリカを目指す時が来ると思います。

インタビュアーの目線

社内外でそれぞれ別姓を名乗り、これまでメディアにも出なかったというみぎわさんは同社代表である安倉さんの奥様。お話を伺うとやはり会社成長の原動力であり、代表にとってはまさにかけがえのないパートナーであることが伝わってきます。日本では珍しいご夫婦での経営も、女性の働きやすいアジアなら、最強の布陣になるという好例でした。

加瀬 由美子

ASIA HERB ASSOCIATION CO.,LTD.
ROHTO ASIA HERB (THAILAND) CO.,LTD
CEO

Yumiko Kase

神奈川県、横浜生まれ。原因不明の腰痛を癒したタイの伝承療法「ハーバルボール」に惹かれ、日タイを往来。タイへ移住し、2003年「アジアハーブアソシエイション」を設立。現在は、スパ店舗だけでなく、世界基準のオーガニック農園、クリニック、オーガニックプロダクトの開発販売に参画。また、スパホテル、スパレジデンスの不動産開発も手がけ、2014年、ホテル「ユージニア」を開業。現在は、バンコクでスパホテル、タイスパランド、カンボジアでスパレジデンスを建築中。多方面からの健康づくりを目指す。世界で活躍する日本人経営者100名に選ばれ、最近は講演活動なども行う。バンコク在住。

CONTACT

267 Sukhumvit soi31, Klongton-nua, Wattana, Bangkok
Thailand
http://www.asiaherbassociation.com/

向かい風、それは飛び立つための風

きっかけは小さな好奇心から

私がタイでビジネスをスタートすることになったのは、少しだけ海外での仕事をしてみたいという好奇心で、3ヵ月間の東南アジア熱帯雨林調査に応募したことから始まります。調査経験のない私をなぜ採用してくださったのかわかりませんが、タイを拠点に、マレーシアなどを巡りました。調査は、道なき道を重い研究機材を背負って歩くハードなもので、ヒルに血を吸われ、野生のブタに襲われ、今までの日常とはまったくかけ離れたものでした。しかし、日を追うごとに環境に慣れ、楽しめている自分がいました。

POINT

- 明日を憂いすぎず、信じる道をいこう
- 小さな変化、それは大きな改革への種
- 知恵は明日の扉をひらく大きな鍵

無事に調査期間を終了し、帰国前の短い休暇を楽しむため、海辺のホテルで朝食を食べていた時のことです。テーブル係の人を呼ぼうと後ろを振り返った瞬間、腰に激痛が走り動けなくなってしまい、そのまま救急車で運ばれて緊急入院となりました。病院では、いろいろな検査や治療をしましたが、原因はよく分からず、回復の兆しが見えませんでした。入院生活が長引くなか紹介されたのが、タイの伝承療法「ハーバルボール」というものでした。複数のハーブを布に包み、それを蒸して温めたものを、センと呼ばれるエネルギーの流れる経路に押し当てていく治療で、自己回復力を高めると説明を受けました。

早く帰国したかったし、少しでも回復すればと、半信半疑のままその治療を受けることを決めて一週間。時間の経過や、私の体質に合っていたということもあると思うのですが、私の腰は驚くほどの回復を見せました。

「何が入っているんだろう、どうやって作るんだろう…。」

原因不明といわれた腰痛が治るという嬉しい体験から、私はハーバルボールに惹かれて、タイを度々訪れることになります。タイの田舎町で、辞書を片手に、ハーバルボールを持ち歩く妙な外国人だったであろう私に、たくさんの方が村に代々伝わるハーバルボールのつくり方を教えてくださったり、食事をご馳走してくださったりと、自然で温かい手助けをいただきました。私があまり言葉の壁に怖れを感じなくなったのは、この時の経験が大きいと思います。

日本とタイを行き来する生活の中で伝承療法の奥深さはもちろんですが、タイ人の明るさと優しさに触れ、タイで暮らしてみたいという思いが募りました。飛行機を操縦する友人が「飛行機は、風と共にではなくて、風に逆らって離陸するんだよ」と話していたことを思い出し、タイに住むことは風に逆らうことになるかもしれない、でも勇気をもつなら今がその時だと思いました。銀行預金を全部おろし、300万円を握りしめて、日本を離陸したのは、2001年の春。その時は、タイで起業することや、まして、タイに骨を埋める決意をすることになるとは夢にも思っていませんでした。その時は貯金がなくなるまでタイを巡り、もっとこの国を知り、伝承療法やハーブについて学びたいという漠然とした考えだけでした。今でもタイの空港を利用するたび、タイの空港を出た時の不安と期待の入り混じった気持ちを思い出します。

タイに住み始めて数ヵ月後に、手づくりで質の良いハーバルボールを使ったマッサージをするお店を見つけました。地方に行っていない時はそのお店によく通っていたのですが、突然オーナーから、「もう店を閉めるので、セラピスト達は職を失う。あなたがそれほどハーバルボールを好きなら、あなた自身でお店を出して彼女達を雇ってくれないか」と声をかけられました。

私はハーバルボールなら、自分で品質の良いものをつくれるようになっていましたので、セラピストさんがいれば、実際に体験していただいた方から生の声を聞くことができる。心がグッと動きました。タイ人に相談すると「あなたは健康やきれいになることが好きだから、やってみたら」「やりたいならやるべきよ」と口々に賛成してくれました。日本でタイに住むと言った時、周囲の多くは反対だったので、このタイ人の前向きな応援の言葉は、私の背中を強く押しました。

小さくてもいい、変化を起こそう

私は、「セラピストという職業は素晴らしい。人を癒してありがとうと言われ、お金をいただける。手についた技術は盗まれることもなく、実力があれば世界にも行ける」と言い続けてきました。ただ、タイでは、マッサージの仕事は、地方の貧しい人が就くものとされてきましたので、自分の職業に誇りをもっているセラピストさんが非常に少ないという現実がありました。

「どうしたらもっと自分の仕事に、自信や誇りをもってもらえるだろう」

そう思っていた時に、日本からマッサージの技術指導をしてほしいという依頼がありました。タイマッサージがよりよいかたちで日本に伝わればという思いから、セラピストさんをひとり選び、日本へと派遣しました。派遣期間の3ヵ月が過ぎ、タイへと帰ってきた彼女は驚くほどキラキラと輝いて見えました。

「私は、セラピストになってよかった」

日本で先生と慕われ、セラピストという職業に偏見のない日本をみた彼女が、職業に対する誇りを語った時、会社には小さな変化が起きました。そして、その小さな変化は、まるで美しいさざ波のように多くのセラピストさん達に響きました。私が、会社の成長の一歩を確信した瞬間でした。

成長するためには、変化していかなければならない。小さくても前向きな変化というのは、人間としても企業としても、大きな成長のためには重要なことだと思います。

チャンスは明るさとたくましさの中に

現在、グループ全体で働くメンバーは約300名。事業も少しずつ成長し、スパ・マッサージ店舗だけでなく、ホテル、クリニック、オーガニック農園、オーガニックハーブを使った商品開発や製造、販売なども展開しています。働く仲間の出身地も、タイや日本、シンガポール、マレーシア、カンボジア、ミャンマー、フィリピン。そして中国、香港やロシアなど、多国籍なメンバーになりました。タイにおいて日本人は、正直で勤勉だという先輩方が敷いてくださった大変ありがたいレールがあり、日本人というだけで大切にしてもらえることも多いのですが、それにあぐらをかき、日本人だからというだけで、高い所得や待遇をもらえる時代はもう過去になるだろうと感じています。

日本と比べ、さまざまなバックグラウンドを持つ人たちや働くことに対する意識の違いに対し、国籍だけでなく、能力、やる気、会社への貢献度などをより具体的に評価していく会社基準を設けることが、今後さらに必要になると思います。わたくし共は働くメンバーに、会社が求めることをはっきりと分かりやすく示して、学び成長する環境を整えた終身雇用、年功序列ではない成果実力主義を推進しています。

また、タイでビジネスをしていると、当然ながらタイならではのカントリーリスクがあり、この数年間に、空港閉鎖、赤服の暴動、クーデターによる軍事政権といった政治的な問題だけではなく、洪水などの天災もありました。暴動で近くに手榴弾が投げ込まれて負傷した人を見た時や、パニックで人が人を押し分け逃げ回る姿を見た時に、教科書で教えられた「平和」という言葉が、それは言葉ではなく、本当に大切なものだと実感しました。

「マイペンライ」

これはタイの人がよく使う言葉で、英語だと「ネバーマインド」と訳されますが、輪廻転生を信じる仏教徒の多いタイでは、現世は来世へ続く道、今の不遇は前世行いの結果だからと、卑屈にならずに現実を受け入れる強さと明るさがこの国にはあります。会社が苦しい時、その現実を受け入れ「マイペンライ、マイペンライ」と支えてくれたメンバー。カントリーリスクヘッジのためにカンボジアやドバイなど、タイ以外の国へ展開を始めたこと、商品開発や販売にも力を入れ始めたこと、お客様のクレームをきっかけに安全について考え、オーガニック農法を学んだこと。今思うと大きな決断は、大変な状況の時にしてきたことが多かったように思います。

「明るさをもって、たくましくチャンスを探す」

これは私がタイで起業し、学んだ大切なことのひとつです。

インタビュアーの目線

日本人女性として、今や東南アジアではナンバーワンの知名度と言われる加瀬さんですが、お店を回りながら、満面の笑みを浮かべてスタッフの一人ひとりを労う姿が印象的でした。スタッフの方々もそれに応えるかのように、社長が来るとそれは嬉しそうに穏やかな笑顔を浮かべ、両手を合わせて挨拶されていて、すべての一連の流れに癒しを感じます。

長谷川 卓生

JEDUCATION
代表

Takuo Hasegawa

1971年生まれ。1997年に渡タイ。1999年にライトハウスインフォサービス株式会社をバンコクに設立し、日本人向け「タイ留学サポート」、タイ人向け「日本留学サポート」を開始。2004年に日本語学校、2006年に人材紹介会社(ジェイキャリアリクルートメントサービス株式会社)を設立し、同社を通じて留学経験をした学生や日本語学校の学生を日系企業に紹介する、人材紹介業を運営している。

CONTACT

2301 Liberty Sqaure 287 Silom Rd. Bangrak Thailand
http://www.jeducation.com/

海外には社会に貢献できる仕事がごろごろしている

東南アジアに目を向けよ

当社は1999年、28歳の時にバンコクで立ち上げた留学エージェントです。

海外に興味を持ったのは、子どもの頃で、父親の影響です。私の父は建設関係の仕事をしていて、よくインドネシアやフィリピン、タイに出張していました。おそらく幼稚園児くらいの時から父は私に「日本は小さいぞ」と言い続けていたのだと思います。おかげで実家のある藤沢を少しでも離れると、「ここはまだ日本？」と聞く子どもでした。

POINT

- やりたいことならマーケットは生み出せる
- 社会貢献したいなら海外のほうがスケールは大きい
- 既存の環境を抜け出す勇気を持つ

物心がつく頃には「いつか自分も東南アジアに意識を向けなければならない」と自然に思っていました。当時の日本人は、東南アジアより日本が優位だという感覚を根強く持っていました。それは今後の日本人にとって良くないと思えたのです。

高校時代はデンマークの姉妹校に留学し、全寮制の1年間を経験します。大学は法学部に進みましたが、法律はまったく自分には向かないと気づき、大学1年の途中で留学しました。アメリカは怖そう、イギリスは寒そうだしと消去法で選んだのが、オーストラリアでした。ブリスベンに留学してインターナショナルビジネスを専攻しました。オーストラリアにいると東南アジアはとても近く、やはり意識を向けなければと思いました。

オーストラリアで卒業して日本に戻ると、皆が就職活動を終えていました。私はどの時期に皆が就職を決めるのか知らず、海外の大学を出て日本に帰れば、なかなか良い評価をもらえると思っていました。仕方なく就職浪人になり、実家に戻って1年間は藤沢のローソンでレジ打ちをしました。後から振り返ると、自分のことを考えることができたし、接客を学ぶという意味でも貴重な時間だったと思います。

翌年24歳の時に、ベトナム日系法人を対象とした投資コンサルティング会社に就職しました。面接の時から、アジアに行きたいと主張していたことが受け入れられ、ベトナムのホーチミンに行くことが決まったのです。念願のアジアで楽しく過ごしていたのですが、

1年経つと会社の方針で東京に戻され、途端につまらなくなって退職してしまいました。将来を考えたら営業の経験が必要だと思っていると、友人がCS放送関係のスポンサー営業の仕事を紹介してくれました。

この頃の私は、日本人が東南アジアに意識を向けるようになるには、映像を流したらいいのではないかと思っていました。ビデオジャーナリストになるという道もあります。そこで「アジアの番組を作りませんか?」と言ってみたのですが、もともと番組制作ではなく広告の会社なので聞き入れられませんでした。

半年ほどでこの会社を辞めると、バックパックを背負って東南アジアに向かいました。現地で就職活動をすることにしたのです。まずシンガポールで大手人材紹介の会社に登録し、いくつかの会社の採用試験を受けてみました。

結果を待ちながらマレーシアに行ってみると、求人がほとんどありません。ここまで来たからとタイに足を延ばしたところで、とある日本人の社長さんに拾ってもらえました。撮影コーディネート、つまり映画やCMなどのロケ場所や機材を確保したりする会社です。シンガポールで受けた結果が全滅だと分かったので、この会社に1年ほど勤めて、アジアで仕事をする経験を積んでから、自分で会社を作って独立しました。

学生たちがメディアになる

1999年に入ってすぐに準備を始め、3月には会社を立ち上げました。日本人向けのタイ留学を流行らせようと考えたのです。そういう時代を作りたい。日本人が実際にこちらに来て留学すれば、きっと東南アジアに対する価値観が変わるはずです。

前職のタイ人の同僚がパートナーとなってくれたので、会社の登記などではあまり苦労しないで済みました。家賃8000バーツ（約2万5千円）の自宅兼オフィスからスタートしました。最初から資金はほとんどありません。そこでホームページを作って「タイに留学しませんか？」と情報を流すようにしました。

それだけでは収入にならないので、英語・日本語翻訳の仕事を始めました。たまたま大手ホテルの予約サイトの日本語版を作らせてもらうことになり、資金面では助かりました。

タイ留学の斡旋を始めて1年ばかり経つと、ホームステイ先となったタイの家庭から自分の家の子どもを日本に行かせたいという要望がたくさん寄せられました。

そこで、2001年にはタイ人の日本留学も手がけるようになります。日本に行くにはコストもかかるので、本当に行く人がいるのだろうかと思ったのですが、最初から20名ほどの学生を送り出すことができました。そして「彼や彼女たちがメディアになってくれるな」と思ったのです。映像を流したりしなくても、タイ人が日本で過ごすことで日本人と東南アジアが互いに身近になればいいと思いました。

その3年後には、日本語学校を作りさらに留学を支援する体制が整ってきました。日本留学がメインとなり、タイ留学は一旦ストップしました。

さらに2007年、人材紹介会社を設立。これは日本からタイに帰国した人たちが、日本語を生かした働き口を見つけるための会社です。その後も留学生の数は右肩上がりで増えていきました。東日本大震災が起きて一旦ストップしましたが、2013年には留学生の数が年間290人程度となりました。タイから日本へ留学する学生たちのうち半数近くが当社から送り出されています。

この10数年で、タイの人々の生活レベルはぐんと上昇しました。日本留学する生徒さんたちのほとんどが、日本にある外国人向け語学学校に入ります。年間費用は生活費を入れて200万円程度。結構な金額ですが、今の経済では中間層の家庭でも無理なく子どもたちを日本留学させられるのです。

この経済の勢いを考えるともっと日本へ留学生が行ってもいいのではないか？　もっと日本の魅力を伝える必要があるのではないか？　そう考えて2001年から始めたのが留

学フェアです。これは毎年拡大してバンコク日本人商工会議所と共に開催する「日本留学&日系企業就職フェア」となり2日間で2万人が訪れています。

2015年2月にはこれをさらに大きくした、JAPAN EXPO IN THAILAND 2015を開催しました。日本のアニメ、マンガ、テレビ、ラジオなどのコンテンツをはじめ、トラベル、食、物産、エンターテイメントなど日本の魅力を一堂に集め、3日間でのべ7万5000人が来場し、改めてタイの人たちに日本を知っていただく大変よい機会になりました。ここにはもちろん留学フェアと在タイ日系企業就職フェアも同一会場に設けました。

一昔前、メイドインジャパンはタイ国内のあらゆるところで存在感を発揮していました。日本食と日本への旅行は相変わらず人気です。しかし今は家電でも化粧品でも韓国製が主流で、日本製品はなりを潜めています。以前に比べると、日常生活の中で日本はもはや目立たない存在です。

でもポテンシャルはある。実際にJAPAN EXPOでの大勢の来場者数がそれを証明してくれました。

当社はイベント業は素人ですが、日本への留学生を増やしたい、そして日系企業に就職してもらいたいという一心で進めています。この事業のために、２０１３年には初めての日本ブランチも作りました。そして私自身も日本のさまざまな業種の人たちに営業をするために、日本とタイを行き来しています。

私たちの事業は既存のマーケットがあったからそこに入っていったわけではなく、ビジネスチャンスを見い出してきたわけでもありません。ただ日本人に東南アジアへ意識を向けてほしい、という思いから、タイ留学や日本留学という新しいビジネスを打ち出してきました。マーケットがないからこそ、自分たちで生み出してきたのです。

ですから私自身、お金儲けとかビジネスチャンスという観点ではお話ができません。ただ海外に出ると社会の役に立つ仕事がごろごろしているということははっきり言い切れます。日本にいるよりも遥かに簡単に、世のため人のためになるミッションを見つけられるのが、海外へ出る楽しさだとも思います。

日本でも地域密着型で役立つ人になることはできるでしょう。でもタイにいると途端に規模が大きくなり、日泰関係に直接貢献することすらできます。

若い人がこれから海外に出るのなら、自分がそこにいなければできないような必然性がある仕事をしてほしい。その気になって探せば見つけられるはずです。

海外に出る時に一番大変なのは、日本を出る勇気を持つことです。既存の環境を捨てて外に出るのというのは大変だし、怖いものです。タイで暮らすよりも何倍、何十倍も大きな勇気が必要だと思います。でも一旦来てしまえば、タイには何でも揃っているし、それほど苦労しないはずです。私などは本当に楽だと思っています。

ただし、何にしても日本に基準を持っている人には海外を勧めません。いちいち日本と比べていたらきりがない。そういうものだと受け入れられる度量を持ってほしい。たくさんの日本人が東南アジアに来て、社会に役立ってくれることを祈っています。

インタビュアーの目線

高架鉄道を降りると駅の至る所にポスターを見かけるＪＡＰＡＮ ＥＸＰＯ。長谷川さんはその実質的主催者であり、バンコクでは知られた存在でありながら、終始控えめで腰の低さに驚かされます。タイ駐在だったお父様の影響と、自分にできる社会貢献を探し求めながら、現在までの紆余曲折が、温かな人間性と腰の強い胆力の両方を育んだのですね。

丸山 真司

RAJAH & TANN (THAILAND) LIMITED
(岩田合同法律事務所から出向)
日本国弁護士

Shinji Maruyama

1979年、奈良県生まれ。日本国弁護士。灘高校、東京大学法学部卒。弁護士登録後(第一東京弁護士会)、岩田合同法律事務所にて企業法務に携わる。業務分野は企業法務全般に及ぶが、主として電力会社、金融機関、保険会社、メーカー等に関する発電所関係訴訟、国際取引訴訟、保険金請求訴訟、国際カルテル等の紛争解決を手がける。2013年からRAJAH & TANN (THAILAND) LIMITEDに出向し、タイ・バンコクにて現地弁護士とともに、アジアで活躍する日系企業のための法的支援に取り組む。

CONTACT

RAJAH & TANN (THAILAND) LIMITED
973 President Tower 12th Floor Units 12A - 12F, Ploenchit Road, Lumpini, Pathumwan, Bangkok 10330
http://th.rajahtann.com/
mail:shinji.maruyama@rajahtann.com

岩田合同法律事務所
東京都千代田区丸の内二丁目4番1号　丸の内ビルディング10階
http://www.iwatagodo.com/
mail:smaruyama@iwatagodo.com

弁護士として
アジアの日系企業の利益を守る

きっかけは家族のバンコク駐在

私は現在、日本の弁護士資格を持つ日本人として、タイ・バンコクに住み、現地の法律事務所RAJAH&TANN(THAILAND)LIMITED(ラジャ・タン・タイランド法律事務所。以下「バンコクオフィス」)に勤務しています。RAJAH&TANNは、シンガポールに本社を置く、東南アジア最大規模の法律事務所で、東南アジアではフィリピンとブルネイ以外の各国にオフィスや提携先を有しており、全オフィスでの弁護士数は合計500名程度です。

私が勤務するバンコクオフィスは、数年前に、タイにある欧米系の

POINT

- 海外での紛争解決は今後ますます重要となる
- 海外に住む日本人だからこそ重宝されることもある
- 違う国に行けば、物事を考える視点が豊かになる

法律事務所やローカルの法律事務所、外資系企業での勤務経験がある弁護士が集まって設立されました。現在は約50名の弁護士が所属しており、企業法務全般を扱っています。基本的にはタイの弁護士資格を持つタイ人で構成されていますが、少数ですが英国での資格を持つマレーシア人弁護士やオーストラリアの弁護士等も勤務しています。タイ人弁護士も欧米や日本での留学経験があったり、日本語が話せる者もいたりして、国際色豊かな事務所です。

私は、RAJAH&TANNのバンコクオフィスには岩田合同法律事務所からの出向という形で勤務しています。岩田合同法律事務所は創業113年を超える日本における最も歴史のある法律事務所の一つであり、日本人弁護士が50名程度所属し、金融機関、電力会社、保険会社、メーカーなど大手企業のクライアント・顧問先が多く、訴訟等の紛争解決を中心に企業法務全般を扱っています。近年は、日本企業のアジア進出が増加していることもあって、アジアの有力な法律事務所との提携やシンガポール、香港の国際仲裁機関等への所属弁護士の派遣など、事務所としてもアジア法務に力を入れており、多数のアジア法務案件を取り扱っています。私の出向もこの方針の一環になります。

もっとも、この出向の直接のきっかけは商社に勤務する妻のバンコク駐在が決まったことでした。私は生まれも育ちも日本ですが、大学生の時に初めて海外に行って以来、自分の知らない場所や世界をもっと体験してみたいと思うようになり、機会があれば外国で留学したり、働いたりできればと思っていたので、妻の赴任は私にとってよい機会であり、私もバンコクに住んで現地で働いてみようと思いました。

早速、バンコクでの勤務先を探そうとしたのですが、何から手をつければいいのか分かりません。そもそも海外での生活経験も留学経験もないのに、いきなり働くことなどできるのかという不安もあったのですが、とにかく「できるだけやってみよう、うまくいかなくても何もリスクはない。もしうまくいけば人とは違う経験ができるということでプラスになる」と思い、まずはいろいろな人に会って話を聞き、情報を仕入れることにしました。そのような折にＲＡＪＡＨ＆ＴＡＮＮのシンガポール本社に勤務している日本人弁護士の友人から、バンコクオフィスが日本人弁護士を募集しているという話を聞いたので、その友人を通じてコンタクトを取り、面接等を経てバンコクオフィスでの勤務が決まりました。岩田合同も、私がタイで経験を積むことは事務所のアジア法務分野の強化に繋がるとの考えから、快く出向を了解してくれました。

弁護士業務の肝・訴訟

東京にいた時は企業法務全般を扱っていましたが、特に訴訟等の紛争解決の案件が中心でした。一般に企業法務と言われるカテゴリーの中には、各種の契約書のチェック、各種の取引における交渉のアドバイス、M&A、ファイナンス、知的財産等さまざまな業務が含まれますが、弁護士業務の肝は訴訟を中心とする紛争解決です。もちろん、将来紛争が起こらないように事前に十分な備えをする予防的法務が重要であることは言うまでもないのですが、現代の法治国家では、原則として、紛争が起こった場合には最終的には裁判所つまり訴訟で解決することになります。そうなると、予防的法務の局面であっても、「この件が仮に訴訟となった場合には裁判所がどのように判断するか、この書面が訴訟の場面でどのような意味を持つか、裁判所を説得する証拠として本当にこれだけで十分か」等を常に具体的に意識することが不可欠であり、十分な訴訟の知識と経験が重要になります。

私はバンコクでも特に、訴訟や仲裁等の紛争解決に携わる現地の弁護士をサポートできればと思っていました。

外国での紛争に勝てる日系企業を

タイには多くの日本企業が進出しており、またRAJAH&TANNのシンガポール本社には日系企業の案件を専門的に扱うジャパンデスクが設置されていて、さらにバンコクオフィスには日本語が話せるタイ人弁護士が勤務していることもあって日系企業から相談を受ける案件はたくさんありますが、実際に事務所が扱う日系企業の案件としては、会社の設立関係（株主構成・スキームの検討、各種許認可等）、契約書のレビュー、知的財産や労働関係のアドバイス、会社の合併・株式譲渡等のM&Aなどが多く、紛争解決、特に訴訟案件が大部分を占めるわけではありません。

これは、よく言われるように、日本人は法廷で真正面から争うことをあまり好まない傾向にあり、さらに外国での訴訟となるとハードルが高くなって躊躇してしまうからだと思いますが、特にタイの法廷では原則としてタイ語が使用されるので、なおさら抵抗感が増すのだと思います。

今では、タイの一般的な法制度の概要は各種の文献などである程度得ることができ、またタイ進出をサポートする会社等も増えてきているのですが、紛争解決については日本人関係者の間でも情報の共有が必ずしも十分でありません。

そのため、実際にトラブルが生じた際に、必要以上に相手方に譲歩して不利な条件で話をまとめてしまうことが多いのが実情です。もちろん、どのような解決がベストかは、法的要素を含むさまざまな要素をもとに最終的にはビジネス的な視点から判断されるべきものなので、何でもかんでも裁判所を通じた解決が良いわけではないのですが、外国での訴訟を必要以上に恐れて本来守られるべき日系企業の権利・利益が実現できない場面を目にすると弁護士として歯がゆい思いをすることもあります。

そんなこともあって、バンコクオフィスでは訴訟や仲裁等の紛争解決分野にも力を入れており、日系企業の紛争案件があれば私もタイ人弁護士と協力し、日本での訴訟の経験も活かしてサポートしています。特に日本語が話せるタイ人弁護士の専門が紛争解決であることはバンコクオフィスの大きな強みです。

タイでは、今までは日系企業の取引相手は日系企業という例が多く大きな紛争が生じづらかったこともありますが、日系企業の進出が増加するにつれて、日系企業とタイや欧米等の外国企業との取引も増加しており、そうするとお互いの共通の文化やバックグラウンドを背景とした法廷外の交渉で決着できない、法廷での解決が避けられない紛争が生じるという事態も増えてきています。そのような際に、異国たるタイで日系企業の力になれればと思いながら日々執務しています。

バンコクでの生活

バンコクでは、日本にいた時よりも自由な時間が比較的多く取れることもあって、仕事以外の面でもいろいろと充実した生活が送れています。

例えば、私は大学生の頃から日本で空手やキックボクシングをやっていたのですが、バンコクに来てからＭＭＡ（総合格闘技）を始め、タイで開催されるトーナメントに出場したりしています。私が通うＭＭＡのジムではさまざまな国・バックグラウンドの方が練習しており、普段の仕事とは違った人たちと交流できるのも、世界中から人が集まるバンコクならではの魅力だと思います。

また、バンコクは地理的に東南アジアの中心にあることから、短い休みであっても気軽に周りの国々を旅行できます。日本にいた時は「似たような東南アジアの国」と思っていましたが、実際にタイに住むことで、それぞれの国が「自分が住んでいるタイとどのように違っているのか」という明確な比較の視点ができ、それぞれの国をより深く感じることもできるようになりました。

タイでは多くの日系企業が活動しているため、通常の企業活動の場面では比較的障壁は多くないかもしれません。しかし、一旦トラブルとなった時のサポートは必ずしも十分ではないと感じることも多々あります。

そのような際に、海外で活躍する日系企業が不当な不利益を被ることなく、不必要に萎縮することなく安心して事業を継続できるよう、これからもお手伝いしていきたいと思います。

インタビュアーの目線

「取材前に目の周りのアザが治ってよかったです」と話す丸山さん。エリート弁護士かと思いきや、実は戦う弁護士でもあるのです。バンコクに活躍の場を移したのは、商社に勤める奥様の転勤がきっかけで、日本にいる時よりも伸び伸びと仕事ができているのだとか。公私ともに充実したグローバルな生活がちょっと羨ましく思いました。

鈴木 梢一郎

ベネフィット・ワン上海
(Benefit One Shanghai Inc.)
董事総経理

Shoichiro Suzuki

1976年、東京都生まれ。1999年早稲田大学政治経済学部卒業後、株式会社ベネフィット・ワンに入社。福利厚生アウトソーシングの営業マネージャーおよびコンテンツ開発マネージャーを経て、グルメ事業の事業部長としてM&Aと新規事業立ち上げを担当。その後、CRM事業の執行役員を経て、2012年ベネフィット・ワン上海の董事総経理に就任。趣味・特技:スキー、マラソン、アイスホッケー（初心者ですが上海で始めました)、レストランめぐり（上海のレパートリーは相当増えました）

CONTACT

上海市浦東新区陸家嘴環路1000号恒生銀行大厦15楼
http://www.benefit-one.com.cn

上海で自分の力を試すチャンス

海外に行って勝負したい

当社は上海で企業の従業員向け福利厚生のアウトソーシングサービスを提供している会社です。中国は贈り物の国で、中秋節や国慶節など節目ごとに社員にプレゼントをする習慣があります。また多くの企業がインセンティブ制度にも力を入れています。国民が裕福になった今、月餅券やｉＰａｄの代わりにポイントを付与し、本人の好きな時に好みの商品やサービスと交換してもらいます。「ポイント制福利厚生」「選択制福利厚生」、アメリカでは「ポイントリワード」と呼ばれるものです。日本でも大企業を中心に導入していた

POINT

- 日系企業なら拙い中国語より日本語で伝える
- 表面的なことよりも、人間の本質と向き合う
- 目に見えないものを売るには忍耐がいる

だいています。このサービスを中国で展開するために、2012年5月にベネフィット・ワン上海を立ち上げました。

私は1999年に、新卒でパソナに入社しました。大学時代はスキークラブに所属し毎年冬はずっと雪山。4年生の4月までスキーをしていました。教職を目指していたのでそのまま教育実習に行きましたが、今すぐやることじゃないと思い帰ってくると、同級生は就職活動が終わっていました。慌てて内定をもらったのが、パソナです。

パソナはベンチャー企業であり、自分を試せそうと思っていたのですが、入ってみるとすでにかなりの大企業でした。結局、社内ベンチャー第1号として創業したばかりの子会社であるベネフィット・ワンに縁をいただいて行かせてもらうことになりました。

当時はまだ社員30名程度。飛び込み営業をしてもテレアポをしても「要らない」「聞いたことがない」と言われてへこむ日々が続きました。でも、やがてバブル崩壊の余波で企業が保養所を閉め始め、それに代わる福利厚生制度として当社のサービスが売れるようになっていきます。その後、会社は急成長し、株式上場も経験することができました。

しかし、入社から8年目になると営業という仕事にも慣れ、海外に行きたいと思うようになったのです。英語で格好良く交渉するビジネスマンに憧れていました。そこでMBA

の取得を計画しました。それから2年間は平日の夜と土日は勉強し続け、実際にロサンゼルスへ行って学校訪問もしました。ついにTOEFLやGMATの必要スコアもクリアし、あとは推薦状を必要枚数集めるだけとなったのですが、最後に社長のサインだけはもらえませんでした。社長としても、私が「この会社に必ず戻る、費用は自分で持つ」と言っても、それを聞き入れるのは難しい状況だったのです。実はその頃、ある会社の買収が進み、私は新事業部の責任者になることが濃厚だったからです。

結局、私は40、50代の課長たちを取りまとめながら、新しい事業部を立ち上げ、役員に就任しました。ある時社長から「北京の案件があるから行ってきてくれ」と頼まれます。当時の私は、海外と聞けば英語でビジネスというイメージで、喜んで出張しました。しかし、期待した内容とはだいぶ違う出張でした。この時の案件は中国進出を検討するもので、最終的に私自身が上海でスタートさせることになったのです。

2011年の終わり、私はトランク2つを持って1人で上海にやってきました。夜11時に空港に降り立ってタクシーに乗り、ホテルの名前を英語で書いたメモを渡したのですが、運転手にまったく違う場所に連れて行かれるという洗礼を受けました。右も左も分からない中でのスタートです。海外進出第1号なので、日本の誰も助けてはくれません。まずは、

「上海　会社設立」でネット検索してコンサルタントを雇ったのを皮切りに、何人もの中国関係の弁護士、銀行、会計士などに会いました。そして今度は「上海　オフィス　賃貸」で検索して日系不動産業の連絡先を見つけ、コンサルタントの勧めどおり、浦東エリアで事務所を探しました。

こちらで最初に雇ったのはハンさんです。彼女は日本で大学院を出て、大手企業の人事部長もしていたという逸材。日系企業の立ち上げも2度経験している、とても心強いスタッフです。実は中国には、日本語・中国語バイリンガルで、日本の大学院卒、課長・部長職を経験している管理部人材がかなりいます。

オフィスを借りるまではお互いに自宅勤務とし、カフェで会って会社登記をどうするか、どこに銀行口座を開くか、営業担当をどうやって雇うかなどを決めました。その他にオフィスの壁紙を何色にするか、椅子をどれにするかといったことも2人で話し合いました。

また、オフィスが整う前から営業も開始しました。日本の親会社には数千社の既存クライアントがいます。上海の子会社や支社をご紹介くださいとお願いして、端から訪問しました。ところがこれは長続きせず、50件ほどで止まりました。日系企業の中国ビジネスの歴史は長く、多くの会社がすでに本社から独立して運営されています。そこが新興国とは違うところです。日本の会社の窓口である人事部からは「中国には紹介できるような知り合いがいません」と言われることが多々ありました。

上海で飛び込み営業を成功させる方法

こうなったら飛び込み営業です。日本では受付で「人事責任者に会いたい」と言えば成功することもあります。しかし中国の日系企業の受付は勝算ゼロでした。受付嬢の仕事は約束のある来客と宅配便などの取次だけです。自社の社長の名前も知らないことがあるほどなので「福利厚生担当者に繋いでほしい」と言ったところで埒《らち》があきません。そこで日本商工会に入会し、会員企業の総経理に対して顔写真入りの開業挨拶状を配ることにしました。これを受付に持って行くと、書類なので受け取ってくれます。そして翌日電話します。ここで「〇〇総経理はいらっしゃいますか？」と日本語で聞きます。中国語を使うと先方のペースとなり失敗しやすかったので、ここは日本語で押し通しました。そうやって頑張ると、転送してくれる人も出てきます。転送先はたいてい総経理秘書です。日本語が通じますが工夫が必要です。それでも総経理に繋がりさえすれば、あとは9割近い確率で会ってもらえます。

現在までに集めた名刺は約3000枚です。そのうち1000枚は自分で地道にアポイントを取った結果で、さらに1000枚は校友会、日本人会、各種勉強会などで集めました。残る1000枚は福利厚生セミナーです。

福利厚生セミナーは定員30名程度。すでに30回ほど開催しています。内容は毎回変えるように工夫していて、今人気があるのは調査会社と共同で進めている中国人のフォーカスグループインタビューです。アメリカ企業と日本企業の若手社員を対象に「どんな時に会社を辞めようと思いましたか?」「どんな時に思い留まろうと決めましたか?」などと質問し、福利厚生やインセンティブの影響力を分析しています。

いただいた意見は、交換商品のバリエーションを増やしたり、サービス自体の向上にも役立てています。サービスが魅力的でなければ利用企業の新規開拓はもちろん、継続もしてもらえません。交換商品は、家電製品から旅行、レストランの利用券など、多岐にわたります。仕入先の開拓は、すべて中国語の世界です。福利厚生サービスは中国ではまだまだ知名度は低く、発注数も少なくなってしまうため、開拓には骨を折ります。中にはくじけそうになるスタッフもいます。そんな時、私は日本での創業期の成功事例をスタッフに熱く語り、激励し続けました。結果、1年間で2000アイテム以上が集まったのです。これは完全に優秀な中国人スタッフの努力の賜物です。

私たちのビジネスは、営業に1～2年かかる息の長いものです。それでも今の状況だと「まだこの国にはニーズがない」と諦めるのが普通かもしれませんが、私は本社の創業期の苦しみを見知っているので、そんな時はあと一踏ん張りだと思って、自らを鼓舞します。私を手本にして、スタッフの気持ちも強くなります。

営業人材は育成中です。中国は長らく経済成長を続けているので、営業経験者ではあっても何もせずにモノが売れる状態しか経験がない。しかも見えないサービスを売った成功経験を持つ人がいません。それでも、皆が優秀で頑張り屋さんで日本語も上手です。彼らが30歳で当社のような小さい会社に来たというのは、思い切った決断です。こちらはブランド主義が根強いので、家と車を持ち、名の通った会社で働いていてこそ人生の成功者と見なされます。しかも、35歳からぐっと転職が難しくなるのが現実です。30歳で来てくれた彼らは、僕のことを慕い信じてくれている。期待に応えたいと思っています。

彼らがよく「中国ではそのやり方は違うのではありませんか?」と聞いてきます。しかし何でも「中国だから」と考え出すと、的外れになりやすいと思っています。多くの中国人たちと接してきて、最初は声の大きさや直接的な表現に気圧されましたが、人間としての中身は共通だと感じるようになりました。根本的な品質を大事にし、サービスにこだわる。礼を尽くせば感謝される。メンツを立てれば喜ぶ。新しいものに対して慎重になる。

こうしたことは全人類共通なのです。

ベネフィット・ワンに入社して17年です。社員30名が1000名になっていったあの頃のように、もう一度自分の力を試したい。そう思っていたからこそ、海外に出ることを望んでいたのです。そして、今まさに再びゼロから築くことを試みています。社長と部長は雲泥の差だということも、今回よく分かりました。一から人を雇い、自分一人で方針を決め、資金繰りをしていくというのがいかに大変か。いい経験をさせてもらっています。

おかげさまで顧客が増えてきたこともあり、首都である北京にもオフィスを構えました。幸い他の国々にも事業は広がっています。中国を軌道に乗せたら、将来は他の国々に関わっていきたいと思っています。

インタビュアーの目線

日本でも創業メンバーの一人であった鈴木さんは、中国という巨大市場で、もう一度立ち上げのご苦労をされている真っ最中。中国全体が急速に豊かになった今日、同社サービスへの需要が拡大するのは時間の問題として、今は大輪の花を咲かせるまでの土作りや水やりの時期のようです。本音で苦楽を語っていただき、心からエールを送りたくなりました。

島原　慶将

上海天家餐飲管理有限公司
代表取締役

Yasuyuki Shimahara

1973年、高知県生まれ。日大理工学部海洋建築工学科卒業後、ベンチャー企業の営業、香港にて卸会社の創業を経て、2004年、31歳で上海にて創業。2005年、マグロとカニの専門店「天家」を上海にオープン。2014年末現在、15店舗(FC3店舗含む)を展開中。現在は、本マグロが主力の食材。参考著書「マグロ帝王　～トロで中国へ挑んだ男・島原慶将～」(鵜養葉子/著・ポプラ社)。

CONTACT

中国上海市延安西路1088号 長峰中心631室
+86-21-6212-1375

海外に行くなら途中下車無効と覚悟せよ

海外に行くだけなら現実逃避

天家はマグロを核に据えた日本料理店を中国大陸で展開しています。２０１４年12月現在、上海を中心に直営店12店舗、フランチャイズ３店舗が営業中です。ターゲットは中国人のお客様で、現地では日式料理と呼ばれる業態です。

「なぜ海外に来たのか？」という質問をよく受けますが、一言でいえば日本では芽が出なかったからです。海外に来ればすべてがリセットされ、しがらみも一切なくなります。つまり現実逃避をしたわけです。中国に来た時から、それを自覚していました。

POINT

- 人生から逃げたら、次はもう数歩踏み止まればいい
- 人生の潮目は確実に変わり、よい波が来る
- 現地の人を相手に現地通貨を稼ぐのが腰を据えた商売

人生は連戦連勝が望ましいけれど、それほど甘いものではありません。時には、逃げても構わないと思います。ただし「今回は逃げた」と認めることが重要です。その時は5歩までしか踏み止まれなかったとしても、次は8歩まで、10歩まで踏ん張ればいい。

しかし、現実逃避をして海外に来たと認めない人があまりにも多い。「夢があるから」「やりたいことがあるから」というのは芽が出ない時の言い訳になっていることもある。現地でコミュニティに入り交流を深めることに一生懸命になる人もいますが、そんなことは六本木でもできます。そうやって現実と向き合わずにいれば、海外版ニートになるだけです。日本に戻っても、ただ海外にいたというだけでは、社会に必要とされません。海外に出る切符は、基本的に途中下車無効です。降りてしまえば二度と乗れません。その覚悟を決めなければ、海外に出てはいけないと思っています。

上海で起業したことは特別なことではないと私は思います。東京から2時間半、商圏としては東京の人が大阪で働いている程度の感覚です。でも、海外へと逃げたのだから、石にかじりついてでも利益を出し「日本にいるよりも遥かに儲かっている」と言えるようにならなければ、と強く思っています。しかし、言葉も考え方も日本とはまったく異なる環境で食べていく、そして日本にいる以上の結果を出すとなるとやはり難易度は上がります。「故郷に錦の御柱を立てるまで帰らない」という覚悟を決めていれば、なし崩し的な暮らしに陥ることはないと思います。

人生には潮目があり、いい流れを待つ

学生時代から、「将来は起業したい」と思っていました。大学卒業後、上場を控えたアパレル系小売業のベンチャーに入社し、3年間働きました。当時は休み も1ヵ月に1日程度。毎日帰宅は午前2時頃、寝て起きて出社することだけの繰り返しでした。その生活に理不尽さを感じながらも、今振り返るとあの3年間は社会人としての全盛期で、最も生き生きとした時代だったと思います。毎日勢いよく営業して、とにかく目一杯働いて非常に楽しかった。

また、上場前企業の雰囲気を経験できたのもよかった。限られたパイを取り合う中、会社というのはここまでやるものだと学びました。そういう意味でとても良い会社でした。そのうちに、当時の上司から「独立するから手伝ってくれ」と声をかけられ転職しましたが、この会社はまったくうまくいかず、1年足らずで潰れてしまいました。

ちょうど社会人4年目で、同期は仕事が面白くなってきている時期に自分は無職。また履歴書を書いて就職先を探そうという気持ちにはなれません。次第に家にひきこもるよう

になりました。貯金が底をつき家賃が払えなくなると、高知の実家に戻りました。使う金は1日500円と決め、テレビを見たり散歩したりして過ごすうち、自己顕示欲ばかりがどんどん肥大化するのを感じていました。

そんな生活を2年ばかり続けましたが、そろそろ30歳という時に「ここで1回リセットしよう。海外に行こう」と決心したのです。だから行き先はどこでもよかった。中国に決めたのは、その頃、希望の楽園のように報道されていたし航空券が安かったからです。

私は自分の力でチャンスを得たわけではありません。よく努力が大切と言いますが、きちんと生きている人、特に日本人は皆それなりに努力していると思います。誰だって、一生懸命生きています。でも努力だけでどうにかなるほど、人生は甘くない。問題は「引きの強さ」だと思います。

人生には潮目があります。悪い時はジタバタしても始まりません。潮目は必ず変わります。いつかきっと良い流れが来る。その時の「引き」がモノを言います。

今日の私があるのは、引き上げてくれた人たち、メンターたちのおかげです。つまり、人生は自分の力だけで切り拓くものではないのです。例えば、社会人になった当初から世話になっている会社の社長Sさんには、寿司の頼み方から洋服の買い方まで、仕事以外のこともたくさん教わりました。ひきこもり当時も、よく食事を奢ってもらったものです。私が、ひきこもりをやめて中国に行くと言い出した時、誰も賛成しませんでしたが、Sさんだけは爆笑して「お前みたいな奴が日本にいても迷惑だ。ドカンとやってくれ」と言ってくれたのです。ビザの相談にも乗ってくれました。必要な時に、大切な人と出会うことも「引きの強さ」だと思います。

現地の通貨で稼いで使う覚悟

こうして、2004年に片道切符で中国に渡りました。どんな事業をやるかも決めていませんでしたが、行ったらなんとかなると思ったのです。実は海外はこの時が初めてでした。実際に上海に来てみると、見るもの聞くものすべて珍しい。物価は今よりもずっと安く、毎日が楽しくて仕方がありませんでした。

語学学校は学費が高くて諦めましたが、素敵な彼女を見つけました。語学を覚えるなら恋人を作るのが一番近道です。やがて彼女が住む両親の家に転がり込み、毎朝彼女が出勤すると、その父親と一緒に食料の買い出しに出かけて餃子の皮を作ったりして過ごすようになりました。海外版ニートのなりかけです。

その頃、Sさんから「上海で事業を起こせないなら、香港の知り合いを紹介する」と言われ、香港に渡りました。紹介された人とマグロの卸し業をしてみると、飛ぶように売れましたが、私の手元には現金が残らない。そこで1年後には上海に戻り、自分で事業を起こすことにしました。

起業を決めたものの、資金がありません。Sさんに相談してみたところ「私を頼るな」との返事。そこで元漁師の父のつてで築地にあるマグロの仲卸会社の社長にお願いすることにしました。その社長Hさんも私を引き上げてくれた、メンターとなります。

彼に事業計画のプレゼンをして「海外でマグロの拡販をするから出資して欲しい」とお願いしました。マグロはもう昔のような高値では取引されていません。しかし排他的な業界ですから海外に売るルートは作りづらい。でも私ならパイを増やせるという提案です。すると、Hさんは非常に温かい方で、従業員たちを一堂に集め「若い島原君が海外で立派な業界人として成長できるように、全面的にバックアップしてやってくれ」と宣言し、まとまった資金を提供してくれたのです。

日本でも海外でも、商売をやろうという人はまずキャッシュで1000万円は用意すべきだと思います。コツコツ貯めてもいいし、私のように融資や出資を受けてもいい。親から借りられるならそれでもいい。時代はもう違うかもしれないけれど、その金額を集められるかどうかは、事業を成功させ名乗りを上げる力のバロメーターとなると思います。

いざ上海でマグロの卸売業を始めてみると、なかなか売れませんでした。もともと野菜も生では食べない国ですし、魚で生といえばサーモンくらい。営業先にマグロを持ち込んでも、そんな高い食材を買うところはこの国にはないと言われ追い返されました。

それならば自分たちで店を作ってマグロを広めようと、レストラン業を始めました。店で働く中国人に、「私の父は元漁師で自分もマグロが大好きであり、海のダイヤモンドと呼ばれるマグロを追ってきた父のおかげで自分は大人になることができた。今度は息子の自分がマグロの味や文化を中国のお客様に広めたいのだ」と伝えました。海外で商売をするには、こうしたストーリーがとても重要です。こうしてレストラン業に転換してからは、業績が右肩上がりになりました。

現在、役員は私以外全員中国人、400名程度の従業員もほとんどが中国人です。彼らにはいつも、「給料は嘘をつかない」と言っています。自分が会社に必要とされ、会社が社会に必要とされていれば、自然と報酬は上がる。だから頑張れば頑張るだけ、会社の利益は上がり自分の報酬は増えるのだと。

もちろん、「世の中金じゃない」という意見もありますが、うちの幹部が面白いことを言っていました。「そんなことは、金を持っていない奴より持っている自分のほうがよく知っている」と。私もそういうものだと思います。外国で商売をするなら、その国の通貨を稼ぎ、そこで使って生きていく覚悟がまず必要です。華僑の人たちは、世界中でそうやって商売しています。

私は、若い人が海外へ出ることに大賛成です。ただし、覚悟を決めて結果もきちんと出してほしい。日本で結果を出せる人は、海外でも同じようにできるはず。逆に私のように日本で結果が出せない人間は、並々ならぬ覚悟で取り組んでほしいと思います。

インタビュアーの目線

トレードマークのスキンヘッドに、仕立ての良いテーラードジャケットをビシッと着こなし、朝の清掃が終わったばかりの店内で我々を迎えてくれた島原さん。取材が始まれば、まさに立て板に水のごとく、武勇伝とも言うべきこれまでのエピソードを、実に面白おかしく語る様は、下積み時代を乗り越えてきた、関西の大御所芸人のようにも見えました。

中村けん牛

プライム・ストラテジー株式会社
代表取締役

Kengyu Nakamura

1971年、栃木県生まれ。中学1年生で電波新聞社の『マイコンBASICマガジン』にプログラムを寄稿して以来、プログラミング歴30年。早稲田大学法学部を卒業後、野村證券に入社。公認会計士第二次試験合格。2002年にプライム・ストラテジー株式会社を設立、代表取締役に就任。2005年にPT. Prime Strategy Indonesiaを設立して以来、アジアでのITビジネスに携わる。執筆監訳書籍に『WordPressの教科書』シリーズ(SBクリエイティブ)、『詳解 WordPress』『WordPressによるWebアプリケーション開発』(ともにオライリー・ジャパン)などがある。

CONTACT

〒101-0047
東京都千代田区内神田1-4-1 大手町21ビル5F
03-5577-6047
www.prime-strategy.co.jp

日本で培った戦略を武器に、海外再進出に成功

ジャカルタでのオフショア開発で味わった挫折

当社は2013年9月からインドネシアに進出しています。実はこれが2度目の挑戦です。最初の進出は2005年3月。きっかけは、妻と出かけたバリ島旅行でした。

滞在したホテルに日本語を流暢に話す若いホテルマンがいて、その優秀さに驚きました。しかも、一流ホテルで働く彼のようなクラスの人材の月給が、この国ではたった1～2万円だと知って愕然としたのです。チップによる収入を考慮しても、日本ではあり得ない金額です。

POINT

- 事業を絞ってポジションを獲得する
- 日本での強みを、海外でも武器として通用させる
- 継続することでチャンスを掴む力が育つ

さらにこのホテルには、宿泊客用にインターネット接続したパソコンが設置され、日本語キーボードも用意されていました。ここには日本と変わらぬパソコン端末にインターネット環境がある。そのうえ、優秀で日本語堪能で超低コストな人材が揃っているのです。もしも彼らが日本人相手にシステム開発を始めたら、自分たちに勝ち目はありません。滞在中にこの考えが確信に至り、恐怖で旅を楽しむどころではありませんでした。

その時、当社は設立3年目で、ウェブサイト構築を中心にマーケティングやデザイン、運用まで幅広く手がけていました。お客様の要望に応えれば応えるほど開発コストがかかり、いつか限界が来ると焦っていた時期です。コスト面でアドバンテージのある彼らを敵に回すのではなく、味方につけよう。この発想から海外進出を決意しました。

バリからの帰国後すぐに進出先の検討を始めました。候補地をインド、ベトナム、タイ、ミャンマー、インドネシアに絞り込んで視察しました。私自身が自分の足で現地を巡り、現地の方の話を聞き、最終的に「この国の人たちなら一緒に働ける、働きたい」と判断したのが、インドネシアです。

インドネシアは古くから親日国で、世界の日本語学習者数では韓国に次ぐ第2位です。人々の性格は穏やかで日本人に近いメンタリティを持っています。インドネシア語はアルファベット表記で外国人にも読み取りやすく、文法もシンプルで、数ヵ月あれば日常会話はマスターできます。唯一、宗教観の違いを心配しましたが、それは杞憂でした。

こうしてついに進出先を首都ジャカルタと決めたものの、日系企業がまだ珍しかった当時は情報が乏しく、何からするべきなのかも分かりません。インドネシアでの会社設立の手続きは煩雑でしたが、設立手続きを設立手続き代行会社に依頼すると費用が高くつくので、投資調整庁(BKPM《ベーカーペーエム》)で英語が分かる人に教わりつつ、一つずつ自分で手続きを進めました。

ようやくプライム・ストラテジー・インドネシアを立ち上げ、人材紹介会社を通じて募集をかけると、期待通りにとても優秀な人材が集まってくれました。アジアに共通して言えることですが、日系企業は給料水準も高くブランド力のある外資系です。そのおかげもあり、人には恵まれたと思います。

当時のインドネシアの物価は、日本の1／10程度。この経済的な差を利用して人件費を抑えコストメリットを得る、いわゆるオフショア開発を目指していました。今振り返れば、私も若かったので見込みが甘かったと思います。

進出から1年半後には撤退を余儀なくされました。理由はジャカルタには関係なく、親会社である東京の会社の業績不振です。気づいた時には3ヵ月後の資金繰りの目途が立たず、すでに瀕死の重症の一歩手前でした。不振になった原因の一つに、東京・ジャカルタ間のコミュニケーションに苦戦し、発注がしにくかったという理由があります。優秀な人材を確保していても、日本とのやり取りに翻訳者が入ることもあり、また翻訳者も専門の人は人数が少なくてコストがかかる。やり取り一つに常に膨大な時間がかかって、伝達を繰り返すうちにニュアンスが変わってしまったりと、いろいろな問題が出ていました。伝言ゲームが延々と続く状況に、日本のメンバーも「なぜジャカルタに仕事を出すのか」と疑問に感じ、仕事を出しづらい空気になり、日本とジャカルタ間の流れも止まってしまいました。つまり、オフショア開発のメリットを得る段階には到達していなかったのです。

直前まで悩み続けました。ついに撤退を告げるため現地に向かった時も、まだ彼らにどう話せばいいのか分かりませんでした。会社に着くと、事情を知らない女性社員がやって来て「私はここに入社できたことをとても誇りに思います」と言ってくれたことを、今でも鮮明に覚えています。

その30分後には全員を集め、これから会社を閉めて撤退すると話しました。社員50名を解雇し、支払いを止め、4000万円のキャッシュを吹っ飛ばし、日本に逃げ帰るのです。悔しいし恥ずかしいし、何より社員やその家族、そしてお世話になった方々に申し訳なかった。その時は「もう二度と海を渡ることはない」と思いました。

業界ナンバーワンのポジションを取る戦略で再進出

会社清算の最終的な処理は、当時システム部門のマネージャーであったインドネシア人のマロワが担ってくれました。彼はさらに自己資本による新会社も設立してくれたのです。新会社の設立を私が彼に頼んだのは、東京の本社で続けていたＣＭＳプラットフォームの自社開発に今後も協力してもらいたかったからです。私たちがやってきた証をこの国に残したかったためでもありました。社長のマロワによって名づけられた新会社は「プリマ・ソフティンド」。当社の名をインドネシア語にして半分取り入れた新たな社名と、当社のモチーフを反転させたロゴデザインを見せられた時は、心意気に目頭が熱くなりました。

それからの約2年間、マロワたちに外部のパートナー会社として協力してもらいつつ、彼らがジャカルタで生き残るための方法を共に模索しました。以前の業務は東京の顧客に向けた開発のみで、ローカル市場での販売は未経験でした。しかも小さなベンチャー企業が生き残るのは東京に比して非常に難しいマーケットです。少しでもブランド力をつけていく努力が必要でした。

その後、東京での業務を「ＷｏｒｄＰｒｅｓｓ（ワードプレス）」スキームによる開発に絞り込みました。つまりこの時点で、ＣＭＳプラットフォームの自社開発を停止したのです。これによりジャカルタの新会社への継続的な仕事の依頼はできなくなってしまいました。このことで、彼らはジャカルタ市場向けのローカルシステム開発企業として茨の道を歩むことになったのです。それでも年に数回は、マロワとスカイプで話しました。彼は毎回「今年は戻って来られますか？」と聞いてきます。私は正直、戻りたいと思っていました。しかし、いまだ損失をカバーできていない状況で頷くことはできませんでした。

当社が的を絞って取り組んできたＷｏｒｄＰｒｅｓｓとは、現在、世界中のウェブサイトの約22％で利用されているオープンソースのソフトウェアです。そのスキームに集中して取り組んできた結果、当社はＷｏｒｄＰｒｅｓｓコンサルタント企業世界52社のうちの1社、東京で唯一の存在となりました。業界ナンバーワンの地位を獲得するポジショニング戦略に成功し、それが当社の揺ぎない強みとなりました。つまり、当社ならではの強みという武器が手に入ったのです。

「今なら、この武器を使ってもう一度インドネシアで戦える」。そう判断した私は２０１３年の夏にジャカルタのマロワを訪ねました。そして「もう一度一緒にやらないか？」と申し出たのです。9割増資するから社長になってほしい、と。小さな会社に厳しいジャカルタで7年半も戦い抜いてきた彼に、私は要するに買収話を持ちかけたのです。この提案について、彼の結論が出るまで待つつもりでしたが、彼は「やりましょう」とその場で即答してくれたのです。

撤退した時に会社の登記抹消といった手続きをしっかり行っていたこと、必要な手続きはすでに存在する法人であるプリマ・ソフティンドの資本に増資をして社名変更することだったため、最初の進出時よりも手続きはかなり円滑に進みました。そして、初めてジャカルタにやってきた時と同じ社名で、再スタートを切ることができました。

マロワたちがローカル企業として戦い続けてくれたおかげで、今やこの会社はインドネシアで10年続く会社として認知されています。もちろん、インドネシアで唯一、アジアで2社しかないＷｏｒｄＰｒｅｓｓコンサルタント企業というポジションを獲得しました。

日本で培ったポジショニング戦略といった自分たちの強みは、インドネシアでも確実に武器となっています。マロワが「話を聞いてくれるわけがない」と最初は尻込みした、国内最大手のメディア複合企業体に認められたり、その結果としてＷｏｒｄＰｒｅｓｓ関連書籍を出版したり、大手銀行がクライアントになったり、以前は考えられなかったようなことが起きているのです。

現在のアジアは、生産(開発)・販売(消費)どちらの市場でも活気づいています。将来そのどちらにもシフトしやすいように、今、双方に取り組んでいます。たとえ一度失敗しても、チャンスがあれば挑戦すればいいのです。その時に備えてきちんと体制を整え直し、前回の失敗を活かせば同じ間違いはしないはずです。

今後、インドネシア発で世界に通用するプロダクトを開発してアジアでのポジションを確立できれば、世界でもほぼ同じポジションが取れるでしょう。その基盤となり10年以上お世話になっているインドネシアに、これから恩返しをしていきたいと思っています。

インタビュアーの目線

「私たちはいつか必ず戻ってきます」中村さんがこう言い残してから約7年間、連絡が途絶えていた時期もありながら、同氏とマロワさんの思いはどこかで繋がっていて、それぞれが日本とジャカルタで生き残りを懸けて会社経営を続けたからこそ、今があるのですね。「もう一度、一緒にやりましょう」と誓い合った二人の思いに胸が熱くなりました。

山田 奈津子

株式会社トキオ・ゲッツ
海外事業部　マネージャー

Natsuko Yamada

1981年、東京都生まれ。2005年にアルバイトとしてトキオ・ゲッツへ入社するが、持ち前のアイディアとコミュニケーション力を生かし、短期間でトップクラスの成績を収める営業に成長。29歳の時にアジアに日本のキャラクターライセンスを提案する事業を立案し、新規事業の責任者となる。台湾支社の立ち上げに続き、出張のはずだったインドネシアに気づけば駐在することになるという破天荒なビジネス経歴をネタにしつつ、日々アジアで奮闘中。

CONTACT

〒151-0053
東京都渋谷区代々木2-27-15　高栄ビル2階
03-5333-0266
http://www.tokyogets.com/

海外にいたら、自分が動かないと何も始まらない

現地に行ったら新しいビジネスが見えてきた

トキオ・ゲッツは創業17年目で、ビジネスの主軸はエンタテイメントと企業とを結びつけたタイアッププロモーションです。日本のエンタテイメントには、映画、アニメ・マンガ、音楽など幅広いジャンルが存在しますが、そのコンテンツが持つパワーと企業を結びつけることで、企業のセールスプロモーションを形成しています。

ところが数年前から、日本のさまざまなエンタテイメント企業から先行きを心配する声を耳にするようになりました。日本の市場は少子高齢化の影響で若者も子どもも減少傾向にあり、特にアニメコ

POINT

- アジアは正解がないから、まずやってみる
- 英語はお金を使って日本で勉強するよりも海外に行くほうが早い
- 困難に挑戦できるのは、チャンスを与えられているから

ンテンツについては将来を不安視されているからです。だからといって、エンタテイメントコンテンツを保有する企業が、独自に国外市場へ進出することもなかなか難しい。そうした話を聞くうちに、「当社の手法を海外で試みてみよう」と考えるようになりました。

実際に海外へ足を運んで、２０１２年には台湾とインドネシアにオフィスをオープンしました。２つの拠点には、それぞれ違う意味づけがあります。

まず台湾は、日本との距離が近く親日国でもあります。また私たちが扱っているアニメコンテンツに関する成熟市場がすでに存在している国です。私たちとしては実績が作りやすい拠点として選びました。

インドネシアは、アジアにおいて圧倒的に子どもの数が多く、私たちのビジネスにとっても、また今後の経済発展についても将来的な期待値がかなり高い国です。ライツビジネスについてはまだまだ市場が確立していませんが、大きなポテンシャルを持っています。

私自身は台湾オフィスのスタートアップから参加しました。当初は出張ベースで現地を訪れていましたが、私はもともと海外への関心が強かったわけではありません。最初は「台湾で何ができるのか」と探りながらの出張でした。しかし、実際に台湾でさまざまな出会いがあり、そこに新しいビジネスが広がっているのが見えてきました。すぐに案件も獲得できたので、台湾オフィスは私が責任者としてオープンすることになりました。

私が選ばれた理由は、社内で最もライセンスビジネスに詳しく、またチャレンジ精神が旺盛だと評価されたからだそうです。実際、その頃にはすでに「是非行きたい！」「挑戦してみたい！」という思いがありました。

会社の登記やオフィスを決めて、実際に拠点として稼動できるようになるまでは苦労もありましたが、一旦スタートしてしまうと、予想通りに順調に業績を挙げていくことができました。現在もアニメコンテンツ、キャラクターコンテンツを使用するライセンスビジネスで実績を作っています。

これと時期を同じくしてインドネシアに関しても拠点作りが進み、同じ年にオフィスがオープンしています。ただこちらはなかなか軌道に乗らず、２０１３年には代表の原が改革のために赴任しました。しばらくの間、インドネシアを原が、台湾を私が担当する体制が続きましたが、２０１４年の5月に原から「山田、インドネシアを一緒にやらないか？」と声がかかりました。事実、台湾は軌道に乗り安定してきていたので、台湾オフィスを現地採用の駐在スタッフに任せて、私はインドネシアに移ることになりました。

「まずはやってみる」から広がる可能性

インドネシアに来て分かったのは、日本のアニメが放送されてはいても子どもたちにはほとんど知られていないという事実でした。

キャラクターに子どもたちが触れていなければ、それを使ったプロモーションなど成り立ちません。子どもたちに日本のアニメコンテンツを知ってもらうためにはどうしたらいいのかと考えるうちに、「子ども市場のメディアを作ろう」ということになりました。具体的には、小学校向けに無料の新聞を配布するという案がまとまったのです。

私たちとしても初めての試みであり、ビジネスとして成功するかどうかは未知数でした。でも、アジアは「正解」などありません。まずはやってみようということで、「Surat DariBumi（＝地球からの手紙）」という名の小学生新聞を発行しました。

記事には子どもたちが家で試してみたくなる科学実験コーナーなど、日本が得意とする科学・文化教育コンテンツを盛り込んでいます。さまざまな企業にスポンサーとして協力していただくことで、無料配布が可能となりました。

現在では首都ジャカルタ近郊を中心に全国１８００校に配布され、発行部数は20万部に達しています。インドネシアで初めて無料配布される小学生新聞でしたので、スタート前はどういう媒体なのか理解してもらうのが難しい状況でした。しかし、1年ほど続いた現在では、広告出稿のお問い合わせをいただくほどの存在になっています。現状の広告は日系企業がほとんどですが、今後はローカル企業にも波及させていく予定です。

また小学校へのコネクションを生かし、イベントの開催や教材の販売など、複合的な教育ビジネスとしての展開を見込んでいます。日本ではすでに競合がいるようなビジネスでも、アジアでは初進出だったりするので、開拓の余地は十分にあることが分かりました。

台湾からインドネシアに移り住んだ当初、私はかなりキリキリしていました。早く成果を出さなければという焦りもありましたし、それまでの台湾が日本にかなり近しい雰囲気を持っていたのに比べると、だいぶ異なる国だったからです。

しかし、現地のインドネシア人スタッフたちと一緒に仕事をしていく中で、やがて彼らの優しさ、一緒にひとつのものを作り上げていこうとする精神を素晴らしいと感じるようになりました。彼らは何に対してもリスペクトしますし、困っている人がいたら、たとえ自分が忙しくても声をかけ、助け合うことを当然としています。日本では自分の業績に必死で、自己中心的になりがちですが、彼らは正反対です。そういう彼らの中にいて、私もすっかり考え方が変わっていきました。インドネシアでお仕事をさせていただくという気持ちで、この国の人たちが楽しくなるようなことをしなればと思うようになりました。

お互いを思いやる気持ちが強くて競争心が希薄なのは、良い面も悪い面もあるとは思います。ただ当社の事業はタイアップビジネスであり、企業と企業を橋渡しして何か大きなコラボレーションを作っていくことを生業としています。そこにはたくさんの人たちの協力が必要ですから、私たちのビジネスと彼らの文化にはシナジーがあると感じています。

インドネシアに来た当初、英語力に不安があったこともキリキリしていた要因です。台湾オフィスでは現地スタッフも日本語が話せたのですが、こちらに来たら英語ベースです。もともと私は英語が得意な人間ではありません。ジャカルタ赴任時に中学校2年生の英語の教科書を持ってきましたが、今もそれ以上のレベルにはなっていないと思います。

しかし、そのレベルで十分に仕事ができています。英語はインドネシア人にとっても私たち日本人にとっても第二言語ですから、それほど高度なレベルは必要ないのです。伝えるのが大変な内容は絵に描いたり、ボディランゲージを駆使したりしています。インドネシアに来てから、だいぶ絵が上手になりました。〝Let's say〟と、お互いにたとえ話を出して理解を深めるということにも慣れてきました。

海外に出たくても言葉の壁に恐怖心を抱いてためらう人は、もったいないと思います。私たちのオフィスのようにインドネシア語交じりだったり、シングリッシュが入ってきたりすれば、教科書通りではありません。私も引き続き勉強はしていきますが、実際のビジネスの場で必要とされる単語やフレーズは決まっているので、1対1でお客様やスタッフと話しながら学ぶことを勧めます。今では英語についてはとても気楽に考えています。

常にチャレンジし続けられる環境を自ら選ぶ

海外では、自分が動かなければ何も始まりません。そこに恐怖を感じたこともあります。でも、現地のスタッフや本社のマネジメント陣と食事をしながらとことん語り合い、フラットな立場で意見を出し合うことで、乗り越えてきました。小学校新聞のアイディアも、イタリアンレストランで生まれたものです。

毎回、困難を乗り越えるたびに、とても良いチャンスを与えられていると実感します。日本国内でも、皆がいろいろなことにチャレンジし、そのおかげで会社もどんどんいい方向に向かってます。海外にいるからといって、自分だけ立ち止まる理由にはなりません。

インドネシアオフィスは3年目を迎え、花が咲いてきたところだと思います。これを一輪咲きで終わらせず、大きな花をたくさん咲かせられるように、人材を強化しスピードアップしていきます。また、アジアビジネスは今後さらに広げていく予定です。そのために若い力で、熱意のある方をどんどん仲間に入れていきたいと考えています。

こうした海外事業は日本国内での事業があって成り立っています。海外での成功を日本にフィードバックして新しいビジネスを作り出すとか需要を掘り起こすなど、良いループを生み出すことも目標です。

私自身は、何かひとつの目標に向かっていくというよりは、あれもしたいこれもしたいという貪欲な気持ちをキープしていきたいと考えています。自分が「ビビビ」と反応したものに常にチャレンジしてきましたが、まだこれからもチャンスはたくさんあり、選ぶことも突っ込んでいくこともできます。だからこそ、常にチャレンジし続けられる場所に身を置きたいと思っています。

インタビュアーの目線

台湾でのビジネス立ち上げの手腕を認められ、社長が全幅の信頼を置く〝海外立ち上げ請負人〟の山田さん。東南アジアでの女性の一人暮らしがいかに大変か、苦労話になるかと思いきや、日本では考えられないトラブルや習慣の違いをむしろ楽しんでいるようで、これから女性がアジアへ進出するうえでのロールモデルになるべき一人だと感じました。

高松 雄康

株式会社アイスタイル
取締役兼COO(最高執行責任者)
アイスタイル グローバル
シンガポール代表取締役CEO

Yukou Takamatsu

1996年、株式会社博報堂入社。主に大手自動車メーカーのキャンペーン全般を担当。2005年より日本最大のコスメ・美容の総合サイト@cosmeを運営する株式会社アイスタイルに経営参画し2012年に東証1部上場。2006年には、ユーザー参加型のドラマ広告を展開し第6回TIAAを受賞し、DAコンソーシアム社と共に日本初の行動ターゲティング型アドネットワークの立ち上げに従事。現在はアイスタイル取締役兼COOとして主にマーケティングと海外を推進統括している。

CONTACT

〒107-6034
東京都港区赤坂一丁目12番32号 アーク森ビル34階
03-5575-1260
http://www.istyle.co.jp/

世界に通用する日本発のマーケティング会社を作る

語学よりも大切なのはビジネススキルとビジョン

私は1996年に博報堂に入社し、営業として8年間大手自動車メーカーを担当しました。自分のビジネスの基礎づくりをした時期です。担当していた自動車メーカーは、グローバルな大企業で、後半の4年間はブラジルなどの中南米も担当し、多くの経験を得ました。ただし当初は、なぜ自分が担当者として選ばれたのかと疑問に感じていました。私は留学経験もないしMBAホルダーでもない。語学スキルがあるわけでもなかったので「どうやっていけばいいいか」と頭を悩ませていました。

POINT

- 自分のビジネススキルとビジョンこそ海外展開の武器
- 日本では容易にできる判断も、海外では難しくなる
- 何が通用するのか試行錯誤しないと分からない

そこで上司に、なぜ私が海外担当に選ばれたのかと尋ねたのです。すると「お前は分かってないな」と笑われました。

「海外ビジネスに必要なのは言葉じゃない。ビジネススキルとビジョンだ」「お前に言葉ができなくても、言葉ができる人間を隣に置けばいいだけだ。だから言葉なんて関係ない。なぜお前に海外をやらせていると思っているんだ」

この時の上司の言葉は、今でも私にとって財産です。海外がぐっと自分に近づいてきて「そうか、自分も海外ビジネスができるんだ！」と思えました。

だからといって語学の勉強をさぼっていいというわけではありませんが、確かに語学はツールでしかありません。外国の言葉を使える人は世の中にたくさんいる。でも、ビジネススキルとビジョンを携えて、海外ビジネスができる人の数は少ないのです。やがて「グローバルで通用するビジネスをしたい」「いつかは自分で経営をしたい」という気持ちが育っていきました。

博報堂で8年目に入ると、ビジネスについて、特にその歳でできる広告代理店の仕事に関しては、ほぼ一巡した感がありました。そして、これまでは1社のビジネスを変えていくことに取り組んできたけれども、そろそろ市場そのものを変えるとか、マーケティング業界を変えるビジネスをしたいと思うようになりました。

私が現在勤めている会社・アイスタイルの代表取締役社長である吉松徹郎は、大学3年生以来の親友です。彼がアットコスメを立ち上げた時は、正直なところ「クチコミサイトなど始めてどうするのか」と思いましたが、広告代理店との付き合い方など「こうしたらいいよ」と個人的にアドバイスをしていたのです。会社を辞めて起業しようと考えている時に、1999年からすでに起業している吉松に相談しました。すると「起業しないで経営しないか？」と持ちかけられ、私はアイスタイルのボードメンバーにジョインしました。当時のアイスタイルはまだ正社員70名程度で、ずっと赤字でした。そこで、私が1年間広告マーケティングの統括をして黒字に転換し、「ここまでやったのだから、好きなことをやらせてほしい」とアイメディアドライブという会社を立ち上げました。これは、日本で最初に行動マーケティング型のアドネットワーク構築を手がけた会社です。今でこそ広告の仕組みとしてはメインになりましたが当時は早過ぎました。その後、リーマン・ショックなどの影響などもあり会社は解散、私は再びアイスタイルにコミットしました。

海外にいるからグローバルモデルを考えられる

アイスタイルにジョインした時から、私にとっては「この会社を世界で通用する日本発のマーケティング会社にする」ということが大きな目標でした。大手は別ですが、日本から海外に進出して通用しているマーケティング会社はまだありません。それをベンチャーで実現する。これは私の中にある明確なビジョンです。

実際にシンガポールとインドネシアに拠点を構えたのは2012年ですが、実はそれより5年ほど前から中国の美容系クチコミサイトに投資を始めました。海外ビジネスは投資フェーズが長いので体力が必要です。当時はまだ上場前で、ひとまず投資をしながら、アジアで自分たちに何ができるか模索することにしました。中国でもアットコスメのような美容関連メディアを作れないかと考えましたが、中国市場を見渡すとそれはなかなか難しい。投資したウェブサイトも苦戦していました。

そこでファーストステップとしては、日本の化粧品の輸入やプロモーションのサポートから始める方針を決定。アイスタイルの掲げる「ビューティープラットフォーム」という戦略は、美容関連のすべての事業に関して、生活者と企業の接点になるというものです。それが、中国ではゴールデンタイムに放映するテレビ番組という形となりました。

中国でのビジネスに目処が立つと、香港にヘッドクォーターを置いて中国や台湾へと展開することも検討しました。しかし中国は化粧品市場にまだ伸びしろがあるものの、マーケティングの業界から見るとすでにかなり成熟市場で、日本人が優位に立つのは困難です。一方、アジア全般に目を向けると、可能性はまだまだ残されています。先行メリットを得るべく、早めに進出しようということになりました。

もちろんアジアと一括《ひとくく》りに言っても、実際は国によって文化も言葉も状況も違います。まずはシンガポールに拠点を置き、どのようなビジネスを始めるか考えました。そのためには、母体である国内ビジネスが盤石であることが必要です。そこで、海外ビジネスへの思い入れが誰よりも強い私が、日本のすべての事業を統括して収益を確保しつつ、海外も立ち上げるということになり、毎月2週間ずつシンガポールと日本を行き来するようになりました。

シンガポールは本当にいろいろな人たちが出入りするので、まさに情報のハブです。いろいろな話がある中、痛感したのはやはりアジアで勝つためには相当大きな投資が必要であることが分かりました。アットコスメのようなメディアを立ち上げるなら、特にかなりの投資が必要です。日本でも収益化に10年かかりましたが、アジアではそれ以上かかるかもしれません。たくさん議論を重ねて出した結論は、まずは一番可能性のあるもの、つまりマネージメントと人だけで突破できるマーケティングビジネスから手をつけるということでした。

そして、これから経済が成長し、業界としても伸びていくと見込んでインドネシアを選び、首都ジャカルタにデジタルマーケティング会社を立ち上げたのです。

現在、シンガポールの拠点はヘッドクォーターとして、ジャカルタのマネージメントをしています。彼らがビジネスをしやすいようにサポートする立場です。

また、シンガポールには私たちと繋がりが深い化粧品メーカーの拠点も数多く集まっています。そこで中国の場合と同じく、こうしたメーカーのマーケティング活動のサポートも先行者メリットを活かしたビジネス機会を窺《うかが》っています。初めてオフショア開発したグローバル対応でマルチ言語のウェブサイトを作れるコンテンツマネジメントを、ad:tech New Yorkでリリース発表するなど実績を積み重ねています。

オフィスはガラス張りで、目の前にはプールが見え、キッチンや洗濯機も備えたソーホータイプのオフィスです。私は毎朝、社員の誰よりも早く行ってそのプールでひと泳ぎしてから仕事に取りかかります。ここでは開発を手がけていて、運動不足のメンバーがほとんどです。そこで、最近は週に最低一度は皆で朝8時半に集合して、シンガポールの街を走り、一緒に朝食を摂ってから仕事に臨んでいます。

インドネシアのオフィスにもよく行きます。ジャカルタ市街地の渋滞がひどくなければ、シンガポールとジャカルタは東京から大阪に行く程度の時間感覚で行き来できます。こちらは立ち上げから2年で黒字化し、業界としてもトップ5に入るデジタルマーケティング会社へと成長しています。知名度も上がり、政府のインバウンドの仕事も受けていますし、Ｇｏｏｇｌｅからエージェンシーで最高の賞もいただきました。

もちろんすべてが順風満帆というわけではありません。大きな失敗もしています。誰を信用するなど、日本では容易にできる見極めが、海外にいると途端に難しくなります。

しかし、完全なグローバルモデルのビジネスは、日本にいたら思いつかない、時には日本だと成功しないようなモデルということもあります。だからこそ、海外拠点を構えた意義を感じるのです。

アジアで何が通用するのかというのは、やってみなければ分からない。だからこそトライ・アンド・エラーを繰り返していくしかありません。そしてそれを許容できる会社でなければ、アジア進出は不可能です。

ひとまずインドネシアは軌道に乗り始めたこともあり、今はアットコスメという本業を今後アジアで展開していくのかどうか考えるタイミングに来ています。

また、アジアには魅力的な市場がまだたくさんあります。特にベトナムとタイについては、いずれにしても何かトライしていきたいと思います。その他に考えているのは、日本のプレイヤーがどこでも円安の煽りを受けている今、海外で頑張っていくなら他社と組むことも考えていく時期に来たと感じています。

欧米系の企業は、莫大なキャッシュを抱えて勝負をしてきます。これに負けないためにも、日系企業は特に海外ベンチャー同士、ウェブ系の企業同士が手を組んだら何ができるか考えるべきです。シンガポールには志を同じくするプレイヤーが集まっているので、何か大きな取り組みをしたいと考えているところです。

インタビュアーの目線

一見、肩から力が抜けた雰囲気を醸しながら、実は大手広告代理店で得た知見をもとに会社を黒字化した手腕が評価され、現在は国内のマーケティングと海外事業の統括を任されるスーパービジネスパーソン。日本と複数の海外拠点を飛び回りながらその重責を担うご苦労はいかばかりかと察せられますが、それも社内外からの期待の表れなのですね。

篠田 庸介

株式会社ヘッドウォータース
代表取締役

Yosuke Shinoda

1968年、東京生まれ。大学を中退し、草創期のベンチャー企業に参画。1997年、㈱スマートビジョン設立。2005年、㈱ヘッドウォータース設立、現職に就任。2008年、㈱東忠ヘッドウォータース設立。2009年、ベトナム・ハノイに㈱ライフタイムテクノロジーズを合弁会社として設立。2011年プノンペン、2014年ドバイへと拠点を設立。今後は欧米、アフリカなどにも展開予定。趣味はサッカー、フットサル、スノーボード、スキューバダイビングで、生涯アスリートを目指す。体脂肪率は6%。

CONTACT

〒160-0022
東京都新宿区新宿2-16-6 新宿イーストスクエアビル7階
03-5363-9361
http://www.headwaters.co.jp/

日本人エンジニアの持つ高い価値を世界に発信する

エンジニアこそ日本を発展に導く原動力になる

現在、当社はＩＴ関連の多彩なサービスを手がけていますが、２００５年の設立当初から海外でも活躍できる人材の育成に注力してきました。これは簡単な課題ではなく、多くの失敗とちょっとした前進の連続でした。

グローバルマーケットである種のインフラとなる新しいサービスや技術は、欧米諸国から発信され波及することがほとんどです。特にＷｉｎｄｏｗｓなどを代表とするＩＴインフラは英語圏で生まれ、成熟してきました。日本語や日本語圏で発達したサービスは、たと

POINT

- 海外で戦うなら、日本の武器は技術である
- 英語は必須だが、ビジネスで活かせてこそ意味がある
- ご縁を大切にすればビジネスチャンスが広がる

えクオリティが高くても、日本に最適化され過ぎて海外マーケットで受け入れられません。結果的に日本を含めアジアの国々は、ＩＴの分野では完全に欧米の後塵を拝しています。

しかしながら、日本が技術力で欧米諸国に劣るとは思えません。海外マーケットに最適化させる感性や、英語力さえ補完できれば、日本はＩＴ業界をリードするようになると確信しています。今の日本は大きな「強さ」を持ちつつ眠っているだけなのです。

私は当社を設立する時、ＩＴ業界の改革をテーマとしました。

それにはまず、その土台となるエンジニア自身の革新が必要だと考えました。エンジニアがどんどん海外に出たり、ビジネスの前線で仕事をするようになれば、彼らの感性や能力は飛躍的に上がります。また、エンジニアたちが自ら新しい事業を生み出すことで、グローバルマーケットで競争力を持つＩＴ産業が実現すると考えたのです。

そこで私たちは、社員がまだ10名程度の頃から海外展開を開始しました。

最初に選んだ国はインドでした。インドのＩＴ企業は、アメリカ企業の下請けをこなし成長してきました。そのため、彼らは世界標準で開発することに慣れているし、何より準公用語が英語なので、我々が学ぶことも多いと考えたのです。当社がグローバルマーケットで戦うことを考えた時、インドから始めるのがベストの選択でした。

海外での事業に着手し始めた頃、私は英語がとても苦手でした。日常会話すら怪しいレベルだったので、今振り返ってもよく海外進出を考えたと思います。

ある時は、私1人対10人で激しく議論したこともあります。圧倒的に不利な状況でしたが、「フェアに俺にも話させろ」と怒鳴るように言うと、こちらの熱意と信念を汲み取り、次第に良い関係が築けました。ビジネスを理解しており、精神的にタフであれば、英語力の弱さは致命的な問題にはならないと実感しました。

また、一度チャレンジし実績を作ると、会社に希少価値が生まれ、次のチャンスを自然と引き寄せるようになります。ちょうどインドからの撤退を考えていた時期、「海外でのシステム開発(オフショア)実績があるなら」ということで、お付き合いのある銀行から中国の実業家を紹介されました。

彼は非常に優秀で、当時訪れたのは小さな賃貸オフィスでしたが、あっという間に規模を拡大し、今では五千人は入る本社ビルを構えています。現在、中国市場向けの革新的なeコマース事業を彼の会社と共同で推進しています。

その他、ベトナム、カンボジアにも関連会社を設立したほか、プノンペン王立大学との産学連携などにより、現地では高い評価をいただいています。

重要なのは国の良し悪しではなく自分たちの実力

このように、一度思い切って海外に進出し、何らかの実績を作れば、そこが突破口になっていろいろなご縁が生まれるものです。

しかし、そのご縁をビジネスに発展させるには、「一期一会」の精神が必要です。せっかく良い方と巡り合ったとしても、雑な応対をしていると次の機会は得られません。とりわけ海外では人種も違い、距離も遠い分だけ、国内以上に信頼関係が大事になります。

鋭い感性や明晰な頭脳を備えた優秀な相手は、いい加減な対応を容易に察知します。相手の話を集中して聞き、そこから何かを読み取る。そして、意見やアイディアを忌憚《きたん》なく述べる。どんな時にもこの姿勢をもって臨むことが大事だと思います。

優秀な相手ならば、それらの態度から「私たちのために考えてくれている」という真摯な姿勢に気づき、「この人物は信頼できる。一緒に仕事がしたい」と思ってもらえるものです。すると、紹介してくれた人の面子も保たれ、また良い方を紹介してくれます。この仕組みは万国どこに行っても変わりません。

ところで、海外で働くことを考えると、国の選別に意識がわりあい行きがちです。もちろん、当社のように理由があり、インドから開始するといった戦略は必要ですが、どんな国にも良し悪しはあります。その良さを活かし、悪さに対応してビジネスを作るのが自分たちの腕の見せ所であり、ご縁があった国ならば、どこで事業をしても変わりません。

あの国は人口が少ない、GDPが低い、宗教が違う、などの分析で事業性を語る人がいますが、GDPが低いことで投資額を抑えられるなど、良し悪しは表裏一体です。国ごとの分析は必要ですが、何らかの数値をもって良し悪しを議論するのはナンセンスなのです。繰り返しますが、大事なのはあくまでこちら側の実力だということです。

ただし、やはり他国は私たちにとってアウェイであることも事実です。おいしそうな話に乗ってダマされた、といった話は山のようにあります。しかし、今のところ私は、ダマされたり、パートナーに裏切られたりという経験はありません。

私が海外進出を決断する時は、利益を考える前に、その国に信頼できる相手がいるかを大事にします。信頼できる人とのご縁を一番に考え事業を進めれば、うまくいってもいかなくても納得感はあります。おいしそうな話に乗せられてダマされることもありません。

海外で確実に成功できる王道やノウハウなどはありません。やはり「一期一会」の気持ちで、こちらも相手を見極めることが何よりも大切です。

ビジネス感覚を備えた人間が世界で活躍できる

海外で働くには、いくつかのスキルも求められます。

まずはやはり英語力。お話しした通り、相手の話をしっかりと聞き、質問や意見を述べる英語力がなければ、海外でご縁を築くのは不可能です。

英語の習得に学力は関係ありません。必要なのは修練の量ですので、その気になれば誰でも話せるようになります。問題は「その気」になって「修練」をするかだけなのです。

当社は海外展開に注力していますので当然英語力は必須ですが、入社段階では特に必要ありません。ただし、3年以内に話せるようになることは求めます。

才能がないから英語が話せないということはあり得ません。空き時間、寝たり遊んだりしている時間を学習に充てるだけの意欲の有無が問われるだけなのです。

また、精神的でタフであることも求められます。いざ海外に出ると、文化の違い、現地人とのお付き合い、親会社の方針といったプレッシャーに苦しめられます。実際、それで潰れていく人を、私もたくさん見てきました。日本国内ならば普通にできることが、海外ではまったくうまくいかない。それが海外で働くということの現実です。そのプレッシャーに耐えられるだけの精神力を、若いうちに鍛えておくことが大切です。

加えて、いわゆる「ビジネスパーソン」としての素養が必要です。海外で事業を進めていくと、予想を超えた問題が発生します。日本では簡単に処理できる問題でも、現地にはソリューションがなく創意工夫や新たな手法が求められます。

また、責任者として海外赴任する場合、業務の遂行に加え、現地でネットワークを構築したり、社員たちを惹きつける戦略やビジョンを打ち出す必要もあります。これは8割以上経営者の領域なので、日本にいた頃の感覚で赴任すると、まったく仕事になりません。

当社ではＩＴに関する深いリテラシーを持つビジネスパーソンの集団を創り上げるために、独自の制度も生み出しました。現在、６つの事業部がありますが、事業部長は立候補によって決まります。事業計画を策定し、社内でメンバーを集め、経営会議で承認されれば事業部が成立します。事業部長は予算配分や給与まで自分で決めることができます。ただし、赤字が続けば事業部解散となるので、経営者に非常に近い感性が養われます。

これは代表的な例ですが、他社にはない文化や制度により、世界で活躍できる特殊な人材を育て続けています。その結果、現在では中堅企業向けの戦略コンサル事業が伸びています。ＩＴや海外マーケットに詳しく、しかも自分でシステム構築までこなしてしまう人材集団は他にありませんので、大変喜ばれています。

先日はドバイで「かりんとう」の販売を成功させました。今後は日本の優れた商品を世界中にワンストップで届けるＩＴインフラを構築しようと考えています。

自らビジネスを動かしたい、グローバルマーケットで活躍したい、日本の優れた価値を世界中に広め活用したいという強い意欲がある人は、ぜひ当社に合流してください。英語力がなくても構いません。ビジネスを知らなくても大丈夫です。パッションと行動力があれば、必要な能力は時間とともに手に入るはずです。

インタビュアーの目線

生涯アスリートを公言し、ドバイでサッカーをやってきたと、日に焼けた顔で現れた篠田さん。初めての海外進出をインドに定め、言葉もままならないながら、粘り強い交渉で商談をまとめてしまったり、ひょんなことから知り合った外国人を信用してビジネスを始めたり、好奇心と行動力に長け、かつ人のご縁を大切にする人物像が浮かんできました。

井田 正幸

株式会社ブレイク・フィールド社
代表取締役社長

Masayuki Ida

1971年生まれ。千葉県出身。多摩大学経営情報学部卒業後、ベンチャーキャピタルに入社。投資開発・投資審査を行う仕事に従事。退職後、シリコンバレーのインキュベーターでインターン。1998年IDAビジネスインキュベーターを開設し、個人事業主として独立。2000年にブレイク・フィールド社を設立し、代表取締役社長に就任。2014年Break Field Vietnamを設立し、会長に就任。

CONTACT

〒102-0082
東京都千代田区一番町7−1 一番町弘和ビル
03-3512-5251
http://www.breakfield.co.jp

アジアのソーシャルメディアは垂直成長

Facebook人口3000万！

当社の日本での事業は大きく分けてふたつあります。

ひとつは比較サイト事業で、マネー系と通販系と、ジャンルを絞っているため業界では大手です。この自社メディアの集客のために、年間約20億円を投じてインターネット広告を出しています。そうやってメディア価値を上げ、お客様に販売しているのです。

日本国内で約20億円分のインターネット広告を出すと、かなりの出稿量です。どこにどう広告を出せばどのような結果が出るのか、といったデータが集まります。新しいメディアが出てきた時もすぐ

POINT

・東南アジアのソーシャルメディアは垂直成長
・堅実な成長をするなら最初から箱を作らない
・せっかく起業するなら若者は海外にチャレンジ！

に試すので、ノウハウは常に最新の状態です。

ふたつ目はデジタルの広告代理店事業で、自社の出稿データを活用し、「これは私たちがやって良かったですよ」「これは痛い目を見ます」など、お客様に具体的なご提案をします。世の中に広告代理店はたくさん存在しますが、自らこの規模の出稿をしているところはあまりありません。仮説ではなく実際の経験に基づいたご提案は、当社の特徴です。

この2つの事業の他に2013年から手がけているのが、海外ビジネスです。

当社が運営しているベトナム語のFacebookメディア「PREMIUM JAPAN」は若者が格好いいと思える日本をテーマに発信していて、ファン数が25万を超えました。なお同様のFacebookメディアで、タイ語版は4万5千人、開始して間もないインドネシア語版でもすでに5000人のファンを得ています。

こうした経験をもとにして、ベトナムおよびタイ、インドネシアのソーシャルメディア、特にFacebookの運用代行ビジネスを提供中です。Facebookだけでも日本では年間数億円分の広告出稿があり、そのノウハウを活かしています。

例えばメーカーさんが東南アジアに進出した時に、ソーシャルメディアをどう使えば勝てるのか。売上との相関関係も含めて、私たちもリスクを持って模索しています。シリコンバレーにも情報収集拠点を置いているので、最先端のものを日本にも東南アジアにも提供可能です。将来的には私たちで新しいサービスを生み出したいという思いもあります。また、トータル25万人のＦａｃｅｂｏｏｋファンを活かして、ベトナムでインターネット調査サービスも開始しました。こうしたニッチ市場の中で、ナンバーワンを目指しています。

最初は「成長市場でやってみたい」という思いからアジア各地を回っていました。比較すると、経済的にはタイ、シンガポール、マレーシアが進んでいます。ベトナムは東南アジア全体で見るとちょうど中間ぐらいの発展段階です。しかし現在、日本の消費財メーカーがかなり進出を加速していて、人口も多い。最初に進出するのにベストな条件が揃っていました。そして最後の決め手は、こうした理屈を超えてフィーリングとして「この国なら合う」と思ったことです。

ベトナム事業を始めた最初の1年間は、私と執行役員の2人が交代で月に1週間ぐらいずつベトナムに出張していました。当社は１００％自己資本のベンチャー企業ですので、いきなり箱を作らず、小さく産んで大きく育てることを本分としています。

最初にベトナムを訪れた時、まだＦａｃｅｂｏｏｋが解禁される前だったこともあり、紙媒体で「ＰＲＥＭＩＵＭ ＪＡＰＡＮ」を制作しました。美しい日本の写真を使用した広告特集ページで、国内2大新聞のひとつ「THANH NIÊN」に同梱をさせてもらったり、スポンサーとして航空会社など現地の日系企業に協力していただきました。

この大手新聞の発行部数は46万部ですが、その後、Ｆａｃｅｂｏｏｋがベトナムで解禁されると1年ほどで利用者が２０００万人を超え、現在は３０００万人までになりました。これには急激なスマホの普及が関わっています。ベトナムではもはやエンタメも情報も買い物の一部も、多くがスマートフォンに集約されつつあり、異次元のような伸び方です。

ベトナムだけでなく急成長する東南アジア市場において、私たちは最先端のデジタルマーケティングのノウハウを提供できる企業になっていきたいと考えています。

まず最初に現地スタッフの幸せから

私は大学卒業後、新卒でＩＴ系専門のベンチャーキャピタルに就職しました。仕事は楽しかったのですが、起業したことのない自分や上司の言葉をクライアントに伝えていると、野球をやったことがない野球評論家が野球を教えているようで違和感がありました。

「この仕事をするなら1回起業すべきだろう」と考えて、入社3年目で退職。シリコンバレーが見たくて渡米し、ビジネスインキュベーション施設に入ってインターンを経験しました。

1年後に帰国してからは、手当たり次第にいろいろな仕事をしました。自らインキュベーターになろうとしましたが、支援する側に立つのは時期尚早でうまくいきませんでした。その後、アメリカでのインターン経験を活かし、在日外国人の人材紹介を試みましたが、そもそも人材業の経験がなく収益には繋がりませんでした。

そのうちに、ある会社から「ネット広告を出したいので、代理店をしてみないか?」と声をかけられました。これはご縁だと思い、周囲からは反対意見もありましたが、2000年5月起業しました。それが現在のブレイク・フィールド社です。

そして2014年12月、100%子会社のBreak Field Vietnam Co., Ltd.が正式にスタートしました。今後も引き続き自社メディアを運営しつつ、当社ならではの経験やノウハウを活かして、まずはベトナムに進出している日系企業のデジタルマーケティングの良きパートナーとなっていきたいと思います。

海外ビジネスを始めた時から、まるで当社を起業した時のようなワクワクした気持ちを味わっています。アジアを回っているうちに現地でチャレンジしている若手の起業家たちとたくさん出会って、彼らに触発されたせいもあるかもしれません。

実は彼らと話しているうちにあまりにも楽しくなり、自分たちの事業を始める前にドリームゲートさんと共同し、「起業するならベトナムで」という趣旨のツアー商品まで販売してしまいました。

今、若い方が起業するなら、日本でも海外でも変わらないでしょう。チャレンジする環境として、東南アジアはとても面白いと思います。しかし200万円持って行けば2000万円分の価値になるという状況も、もう長くは続きません。起業を考えている人は、積極的にどんどん海外に出て行ったらいいと思います。いろいろな可能性を秘めていますから、アイディアと行動力あるのみです。

ベトナム事業はパートナー企業と共に始めました。現地でオフィス通販事業を成功させている会社です。現地法人を申請した2014年9月から現地スタッフを雇ってパートナー企業内に常駐させています。東京の本社と現地をスカイプで常に繋ぎ、私と執行役員でマネジメントしてきました。

スタッフは日本に留学してMBAを取っている優秀な女性です。インテリのエリートかと思うと、日本では立ち食いそばで働いて稼いでいたというほどハングリー精神も持ち合わせています。彼女の存在は、東京の社員にとっても良い刺激となっています。

私たちはオフショア開発をしているわけではないので、彼女にも日本と同じ人事制度を適用しています。想像していたよりずっと優秀で、人事評価では東京のスタッフに引けを取りません。当社の規模であっても、このままいけば数年先には、ベトナム人管理職が生まれるのではないかと思うほどです。

ベトナムに出張した日本人スタッフは良い刺激を受けて帰ってきます。そして「ベトナムに駐在させてほしい」と希望する社員も出てきています。

確かに東南アジアの可能性に満ち溢れた空気には、触発されるものです。東南アジアなら、ある分野でナンバーワン企業になれる可能性がまだまだあると思います。

当社のベトナム法人が目指すところとしては、3つの段階があります。1段階目は、ベトナムのスタッフが幸せになってくれること。その次が、最先端のネットマーケティングを提供して、ベトナム経済に貢献すること。そして3段階目が、株主配当できるほど利益を出して日本の本社に還元することです。この順番については、社内のスタッフに繰り返して言っています。「人件費が安い」というところに真っ先に飛びついてしまうと、植民地扱いになってしまう。そこは勘違いしてはいけない部分です。

私たちはベトナムが好きで進出したのだから、まず自分たちのベトナムスタッフを幸せにして、ベトナムに貢献することが先決です。そのうえで利益を日本に還元する。そうすれば日本に対しても貢献できます。この順番が大切です。

ブレイク・フィールドとは、「新天地を切り開く」という意味です。海外ビジネスを加えてますます社名のとおり、開拓者として前進していきたいと思います。

インタビュアーの目線

起業を目指してから渡米したり、インキュベーションや人材業にトライしたり、「新天地を切り開く」という意味の社名通りに、常に開拓者であり続けた井田さん。海外ビジネスという新たなフィールドに出会い、再び持ち前の柔軟な発想と行動に火がついたようで、まるで少年のように目をキラキラさせながら事業構想を語る姿が羨ましくもありました。

小沼 大地

特定非営利活動法人クロスフィールズ
共同創業者・代表理事

Daichi Konuma

1982年、神奈川県生まれ。一橋大学社会学部・同大学院社会学研究科修了。大学時代はラクロスでU-21日本代表に。就職前に青年海外協力隊でシリアに赴任するなど、独自の経歴を持つ。帰国後、マッキンゼー・アンド・カンパニーに入社。2011年5月、松島由佳(共同創業者・現副代表)とともにNPO法人クロスフィールズを創業。企業の社員が新興国で社会問題解決に取り組む「留職」プログラムを推進している。企業・行政・NPOという領域の垣根を超え、社会の未来と組織の未来を切り拓くリーダーを増やしていきたい。

CONTACT

〒141-0031
東京都品川区西五反田3-8-3 町原ビル3F
03-6417-4804
http://crossfields.jp/

新興国を見て働くことの意義を見つめ直す「留職」

未来のリーダーを創る武者修行

私たちNPO法人クロスフィールズは、留職プログラムという事業を運営しています。「留職」という言葉は私たちの造語です。日本企業の社員をアジア新興国のNPOやNGOに派遣し、その方の本業のスキルで現地の社会課題の解決に挑んでいただくプログラムです。数ヵ月間という限られた時間の中で、課されたミッションをやりきり、現地社会へと貢献する。私自身も経験した青年海外協力隊の企業版だとイメージしてもらえるといいかもしれません。企業にとっては、グローバルに活躍できるリーダーの育成や、新興国で

POINT

- 「仕事」を「志事」へと変える
- 挑戦しないことは自分にとって最大のリスク
- 今日の非常識が3年後の常識になる

の事業創出などといった効果が期待できます。

２０１１年にこの事業をスタートして以来、導入していただいた企業は20社以上となりました。派遣人数はまだ累計でも50名程度ですが、初年度が１名、２年目で８名と増え、４年目となる今期は50名程度の派遣を見込んでいます。毎年倍増以上していて、企業の方々からの関心が急速に高まっていることを肌で感じます。

日本企業はグローバルな事業展開が必要だと言われ続けていますが、一方で、企業の中にはグローバルなリーダーを育てる土壌が減ってしまっているという皮肉な現状があります。企業が積極的に海外進出していた頃は、日本人の若手社員が現地へと派遣され、工場のラインで現地の人に仕事を教え、工場長となり、最後はスーパーバイザーとなってリーダーシップを身につける機会がありました。しかし現在は、企業買収によるグローバル展開も増えており、できる限り日本人の派遣者を減らしてローカルスタッフだけで現地事業を行うことがスタンダードになっています。すると、必要になる日本人はスーパーバイザー１人だけです。グローバルに活躍できる人材を育てる現場が失われたなら、10年後のスーパーバイザーは誰が務めるのか。この人材育成の仕組みの空洞化を埋める新たな武者修行として、留職プログラムが注目されているのだと思います。

留職での現地滞在は数ヵ月間と短期間ですが、語学研修などの座学とは違い、現地の人たちが抱える実際の課題を解決していくというリアルな実体験ができます。新興国のタフな環境に身を置いて課題解決を最後までやりきる経験は、まさに「修羅場」と呼べるもので、人を大きく成長させていきます。

また、留職プログラムはさまざまな「枠」を超える機会でもあります。「国境」という枠を超えて新興国を見ることは、改めて日本という国を見つめ直す機会になります。「組織」や「短期的な利益追求」といった枠を超えて現地の人たちのために働くことは、自分自身の人生を振り返る機会となり、そして仕事を「仕える事」ではなく「志す事」と捉えるきっかけになります。私は、「志事《しごと》」をするビジネスパーソンを一人でも増やしていきたいのです。

学生時代の私はラクロスというスポーツに没頭していたのですが、オフになるとバックパッカーとしてアジアを旅して回っていました。大学を出たら教師になるつもりでしたが、それはもっと世界を知って経験を積んでからにしたい、そう考えている時に見つけたのが青年海外協力隊の募集でした。私は、中東シリアに環境教育の隊員として2年間派遣されることになりました。

私がクロスフィールズを立ち上げた原体験のひとつは、協力隊の活動の前後での友人たちとのやり取りにあります。出発前に就職が決まっている大学の同級生たちと話をすると、「メーカーに行ってものづくりで日本を元気にする」「ビジネスを通じて世界の経済格差を減らすために商社に行く」などと熱く話していて、頼もしいなと思いました。「みんなも頑張ってくれ。俺も頑張ってくる」という気持ちで、私はシリアに旅立ったのです。

そして2年が経って帰国した時、同級生たちは私の帰国を祝う飲み会を開いてくれました。そこで意気揚々とシリアでの経験を語り、これからいかに熱く生きていきたいかを話すと、あろうことか、友人たちは「どん引き」していました。「お前が言っていることは青臭すぎる」「会社に入って早く大人になれ」と、彼らは口々に言いました。日本企業は志のある人材を求めていて、実際に熱い若者たちを数多く採用している。しかし、たった数年で若者たちの情熱は冷めてしまうのが現状なのだと、私はその時初めて知りました。そして同時に、そんなもったいないことは許せない、という強い憤りを感じたのです。その憤りが、私を起業へと突き動かす原動力になりました。

こんな格好いい眼の人は初めて見た

青年海外協力隊は、いわゆる「発展途上国」という地域へと派遣されて活動をします。

そう聞くと「現地の人たちはさぞかし貧しくてかわいそうな状況にあり、それを救うべく日本人が何かを教えてあげるのだろう」というイメージがあるかもしれません。しかし実際は違い、どんな地域に行った協力隊員たちも、日本に帰ってくると「自分の方が教えてもらった」と言うのです。事実、私自身もそうでした。

発展途上国という地域には、前向きなエネルギーが満ちています。「自分たちが頑張ればこの村が良くなる」、「自分はこの国を本気で良くしたい」と、地域や国の発展を我が事として捉えて働いている人がたくさんいるのです。そんなカッコいい人たちの姿を数多く目にしたことが、私にとって何よりの財産だったかもしれません。

中でも最も強烈な印象を受けたのは、私が派遣されたシリアのNPOで同僚として働いていたアリさんという方でした。彼は村長の長男でしたが、名誉職である村長にはならず、NPOのメンバーとして日々懸命に働いていました。「村長になって村を良くするには限界がある。このNPOで、村を良くしたい」と話す彼ほどキラキラした眼をした人に、これまで私は会ったことがありませんでした。

そのNPOには、大手経営コンサルティング会社から出向されてきたドイツ人コンサルタントが2人いて、私はその部下として働いていました。初めは国際協力の世界になぜビジネスの世界の人材が入ってくるのか意味が分からなかったのですが、彼らがビジネスのスキルをフル活用してプロジェクトのマネジメントを行うと、現地での活動は音を立てて改善されていったのです。ビジネスと社会貢献の世界が交わることを知ったのは、その時でした。

また、さらに驚いたのは、現地の人たちから「ありがとう」と言われることで、ドイツ人コンサルタントたちも生き生きと働くようになったことです。自らの持つスキルで社会に貢献できるという実感と手応えとが、彼らの目をアリさんのようにキラキラとさせていったのです。

帰国してからこの経験を振り返った私は、日本の会社で情熱の行き場を失っている人たちにドイツ人コンサルタントがしたような体験を提供できたら、社会を変えることができるのではないかと思い始めたのです。シリアでのアリさんやドイツ人コンサルタントたちとの出会いが、私の2つ目の原体験です。

協力隊の後に外資系コンサルティング会社に身を置いていた私は、そこを辞めてNPOを立ち上げたという話をすると、「なぜそんなリスクを取れたのか?」とよく聞かれます。そんな時、私は「挑戦しないことがリスク」だと答えるようにしています。シリアから戻ってきた時に感じた違和感や義憤を、そのままにして生きていくこともできたと思います。

ただ、何も行動を起こさなければ、いつか死んでいく時に必ず、「あの時に何か行動をしていれば」と後悔すると感じたのです。私には、それがどうしても嫌でした。だからこそ、後悔するかもしれないリスクを選ばなかったのです。

また、今の時代はとても変化が速いです。5年前、10年前とは明らかにいろいろなことへの認識が変わっていて、そのスピードはますます速くなっています。つまり、今日の常識は3年後には非常識になっていて、逆に、今日の非常識が3年後の常識になる時代なのです。そう考えると、今多くの人が「その道は正しいね」と言っている道は危ない可能性が高く、逆に多くの人が「そっち行って大丈夫か?」と疑う道に行く方が、新しい未来を切り拓ける可能性があるのだと思うのです。その意味でも、「挑戦しないこと」の方がリスクは高いと思いますし、何より、挑戦するという道を行くことは、最高に楽しいです。

クロスフィールズの活動を始めてみて、日本の若手は二極化していると強く感じます。将来に危機感があるからこそ、「じゃあ変わるしかないね」という意識で挑戦を志向する層と、「何としてでもどこかにしがみつこう」という意識で保守的になっている層がいます。

前者の人たちには是非、実際に行動を起こして発信者になってほしいです。日本企業に勤めている人にとっては、留職プログラムも、そのひとつの手段として有効活用していただけたら嬉しいです。そして後者の人たちには、沈みゆくタイタニック号にしがみつくだけではなく、そこから小舟で外に漕ぎ出した前者の人たちの発するメッセージに耳を傾けて、そのうえで自分の行動を決めてほしいと願います。

挑戦する意志を持つ人を全力で応援するというのが、私のポリシーです。もしこの文章を読んで何かしらを感じてくださった人がいれば幸いですし、何か挑戦をしたいと思ってくださった人がいれば、心からのエールを送りたいです。そして、私たち自身も、このクロスフィールズという挑戦にこれからも全力を尽くしていこうと思っています。

インタビュアーの目線

学生時代に描いた夢を追い続けるのは難しいものです。大人になって熱が失せることもあれば、若さに任せただけで持続できないことも多い。小沼さんは青年海外協力隊→外資系コンサルティング会社→ＮＰＯ法人というステップを踏むことでそれを実現してきました。しかも、教師になるという夢も体現しているのですから、素敵な人生ですね。

佐藤 大輔

アジア・ダイナミック・コミュニケーションズ株式会社
代表取締役

Daisuke Sato

1968年、東京都生まれ。1991年立教大学社会学部観光学科卒。2001年、タイで初となる日本人スタッフによる日本向けオフショア・コールセンターの事業開放をタイ政府に提唱。2002年10月にBOI（タイ投資委員会）新規奨励業種として追加が決定、2003年に事業を立ち上げ、150人体制まで拡大。2012年4月に帰国、タイ進出コンサルティングサービスを提供するアジア・ダイナミック・コミュニケーションズ㈱を設立。タイの文化や歴史への造詣も深く、タイ事情全般に精通したコンサルタントとして、最新の実地アドバイスを行っている。2013年6月、OVTA（一般財団法人海外職業訓練協会）国際アドバイザー登録。タイ王国和僑会幹事。

CONTACT

〒108-0073
東京都港区三田四丁目1番27号
http://adc-japan.com/

海外では日本代表として仕事をする

バブル崩壊が始まり

私が現在手がけている事業は2つあります。

ひとつはタイの法務、会計、税務、労務などタイ法人経営の基礎知識を日本国内でレクチャーする仕事です。私自身、タイに対して旅行やビジネスを含めて関わり合いが20年以上になります。この体験に基づいて、海外職業訓練協会（OVTA《オブタ》）や銀行関係のセミナーで講師を務めたり、企業からタイ現地法人の経営コンサルティングを受託したりしています。

タイでビジネスをする場合には、関係省庁や会計・法律事務所と

POINT

- 外国人だからこそできることがあり、会える人がいる
- 外国人は自国の代表のように扱われる
- 日本で飽和したものも海外で可能性がある

話す機会が多くなりますが、ある程度の専門的な知識がないと、希望していない状況になってしまうことがあります。また、赴任経験のない本社管理部や役員の場合は、現地との間に認識のズレが生じます。私の会社は、そういったギャップを埋めるためのお手伝い、いわば転ばぬ先の杖の役割です。

もうひとつは東南アジアにおける「内田クレペリン検査」の実施です。これは、連続して一桁の足し算をしていくだけで、その人の基本的な仕事のテンポや行動特性を測ることができる心理検査です。最大の特徴は、使用するのがアラビア数字だけという点。数字だけならほぼ全世界共通ですから、どこでも同じ条件で検査をすることが可能なうえ、実施方法は15分計算したら5分休憩、さらに15分計算して終了というシンプルなもの。設問を読まないので、読解力や言語上の解釈に影響されることがありません。この検査は日本オリジナルで、60年以上の歴史を持っています。２００７年にタイの高架鉄道会社に営業をかけたところ、運転手適性検査に採用され、２０１３年からは全社員に実施するようになりました。タイ人のデータはすでに２０００人以上集まっており、現在はベトナム人にも実施しているところです。最終的には東南アジアの主要各国で、各１０００人分以上のデータを収集するつもりです。

個々人のテンポや行動特性が分かると、どのような仕事をどのようにさせればいいのかが判断できます。また、集団として比較すると、例えばタイ人とベトナム人とでは判定結果が大きく異なります。海外進出企業であれば、漠然とではあっても進出国の国民性は把握していると思いますが、個々のまたは集団の行動特性を数値化できれば、海外展開がより楽に安全になるはずです。

私が新卒で就職したのは1991年、大手流通グループ企業の子会社でした。バブル崩壊にまだ皆が気づいておらず、私の同期は55人もいました。人事部に配属され、翌年は30名以上を採用しましたが、その直後に急激に景気が悪化していきました。

しかし、会社には人事情報・人件費予算作成システムがなく、リストラしようにも、満足なデータがありません。部署でプログラミングできる人間は私だけで予算もないので、データベースソフトのマニュアルを読み込んで、半年くらいかけてシステムを作り上げました。おかげでデータベースには詳しくなりました。

当時よく海外旅行していましたが、日本は経済が急降下して暗い雰囲気に覆われていたのに、タイは経済成長真っ只中で光輝いていました。何度か渡タイするうちにバンコクに住みたい気持ちが強くなり、入社3年半で退職してタイに渡りました。タイ語を学ぶ傍ら、タイ全土を巡り、歴史や文化、美術を知る機会にも恵まれ、タイへの造詣が深まりました。ただ事情があって、半年ほどで帰国し、紙の広告企画制作会社の営業をすることになります。得意な仕事ではないので、何か自分にしかできないことはないかと模索するうちに、ウェブサイト制作を始めました。そして、タイ国政府観光庁や在京大使館のホームページの仕事を受けたことをきっかけにタイとの関係も復活します。その後は、データベース構築の知識を活かして検索システムを作ったり、社内情報システム開発を任されたりするうちに、ＳＥのような立場となります。

日本人をタイで合法的に働けるようにしたい

２０００年、ＩＰ電話という技術革新が起こりました。

ある時、東京と大阪に店舗を持つお客様から、店舗同士の電話代を削減できないかとご相談を受けました。２つの店舗はＰＯＳレジが専用線で繋がっていて、それを利用すれば内線電話として複数回線取れるということが分かり、ＩＰ電話の導入に成功したのです。東京と大阪で可能ならば、東京とバンコクでもできるはず。「ならば、日本のコールセンターを丸ごとタイに持っていけるのでは？」と思いついたのです。

実は半年間バンコクに滞在した時に、一番驚いたのは「タイには日本人の不法就労者がたくさんいる」という事実でした。おそらく5千人以上の規模です。それ以来ずっと頭の片隅で、日本人が自分の意志で働きながらタイに住めるようになる方法を探していました。そもそもタイで外国人の労働が厳しく制限されているのは、タイ人の雇用機会を奪うからです。しかし特殊な言語である日本語のコールセンターなら、日本人にしかできませんから現地の人の職を奪うことはありません。

また、日本国内は最低賃金が決まっており、人件費を削減したくても限界がありますが、タイなら物価が日本の1／3程度なので、給与が日本の半額でも日本人を雇えます。つまり日本のコールセンターのコストを劇的に下げて、タイに「サービスの輸出」という新しい外貨獲得手段をもたらすことができるのです。

そこで2001年の3月にタイのBOI（タイ投資委員会）を訪ねました。その理由は投資奨励法に基づきBOIから投資奨励されている業種の場合は、他の法律に矛盾しても投資奨励法が優先するからです。BOIを訪ねた時点でコールセンターはその業種リストに入っていなかったのですが、よく調べると、業種表について「この表にないものもタイに役立つものであれば、委員会において審議され、上記表に付け加えられる」との一文を発見しました。そこでBOI担当官に「コールセンターとは何なのか」「なぜタイに日本のコールセンターを持ってくるのがタイの国益に資するのか」「他のアジアの国はどうしているのか」を1年ほどかけて説明し、最終的にBOI長官まで辿り着いて、さまざまな関係者を前に私がプレゼンする公聴会を開催していただいたのです。そしてBOI本会議でコールセンターを投資奨励業種にすることが決定されました。約1年半かかっていたので、この時はさすがに感無量でした。

正式な認可が下りるのにさらに半年かかり、2003年の春になっていました。やっと本格的に営業を始めたのですが、コストを削減できると言っても前例がないので大規模なセンターはどこもやろうとしません。2005年にとにかく会社を設立して日本人観光客向けの課金制3者間電話通訳や、英会話学校の電話サポートなどできるところからビジネスを始めました。

電話オペレーターに関しては、ウェブサイトでバンコクの日本人に「コールセンターで合法的に働けたら働きたいですか?」と呼びかけて数百人の候補者を集めていました。

しかしすぐに大成功とはいかず、せめてオペレーターの数を100人(BOIとの約束では200人)にしたいと思っていた時に、マスターピース・グループの佐藤修会長と出会いました。マスターピース・グループはタイに先んじて中国大連に日本人コールセンターを持っていましたが、中国の物価上昇リスクを抱えていました。そこでタイで一緒にやろうと話がまとまり、アジア・ダイナミック・コミュニケーションズという社名をマスターピース・グループ（タイランド）に変更して、１５０人を超える規模のコールセンターを実現することができました。

その後、会社は順調に利益を出し、私が作ったＢＯＩ認可で他社のコールセンターも次々に設立され、「日本人が自分の意志で、タイで合法的に働けるようにしたい」という目的を達成、私の役割は終わったと思いました。そこで２０１２年、今までタイ法人経営で学んだことを日本で教えるために、タイで最初に使っていた社名を復活させて始めたのが当社です。

また、内田クレペリン検査事業は、コールセンター事業と並行して始めていました。日本にはまだまだ世界に通用するものがあるものだと思います。

タイとの関係は良好で、先日も運輸長官にお会いしたばかりです。海外というのは、日本だったら会えないような人に会える機会がたくさんあります。外国では日本人一人ひとりが日本を代表していると見られるからでしょう。

昨年はタイ王国和僑会の幹事として、ＢＯＩ認可が取れない事業に求められるタイ企業との合弁を安全に行う投資スキームも開発しました。今後10年くらいは、タイ進出を皆さんにうまくやっていただくことと、内田クレペリン検査を東南アジアで定着させることが目標です。

明確な目標とそのプランがあれば、皆さんには是非挑戦していただきたいと思います。

インタビュアーの目線

海外でビジネスを始めようとした時、こんな人がサポートしてくれたらどんなに安心だろう。そんな〝誠実で信頼のおける人物〟というのが、取材を通じて感じた佐藤さんの印象です。タイ王国和僑会の幹事として多くの日系企業とタイとの橋渡しを数多くされているのも「タイにおける日本人代表」としての誇りが原動力になっているのでしょう。

篠原 裕二

Daijob Global Recruiting Co., Ltd.
代表取締役

Yuji Shinohara

京都府生まれ。同志社大学卒業後、(株)リクルート入社。教育機関の募集広告営業、情報誌「ケイコとマナブ」編集長を経てエグゼクティブオフィサーに就任。2009年同社退社後、(株)アイ・エム・ジェイWeb広告事業執行役員に就任。2011年同社の中国進出のために中国に渡り、システム会社のM&A、Web制作会社を設立。2012年にヒューマンホールディングス(株)顧問に就任、中国における人材、教育事業を管掌後、翌年同グループのバイリンガル専門人材サイトを運営するダイジョブ・グローバルリクルーティング(株)現職に就任。

CONTACT

〒107-0052
東京都港区赤坂1-7-1 赤坂榎坂森ビル5F
03-6682-5443（代表）
http://corp.daijob.com/（会社概要）
http://www.daijob.com/（バイリンガル専門転職サイト）
http://workingabroad.daijob.com/（海外勤務専門転職サイト）
http://www.daijobagent.com（バイリンガル専門人材紹介）

世界で通用する普遍的なバリューを獲得する方法

グローバルな舞台へと人々を送り込む

当社ではＤａｉｊｏｂ.ｃｏｍというウェブサイトを運営しています。１９９８年にオーストラリア人が立ち上げた日本初の外資系転職求人サイトで、この分野では日本最大級です。２００５年よりヒューマンホールディングスの事業子会社となりました。

登録している求職者はバイリンガルで、累計登録者数は45万人（２０１４年10月現在）。もともとは外資系企業の求人がメインでしたが、近年は海外進出している日系企業も数多く掲載しています。

POINT

- 海外で1人で頑張ると何倍も吸収できる
- 現地で話せるようになるかは3ヵ月で見極められる
- 視点が変わると世界も変わる

２０１３年から人材紹介事業がスタートし、サイト掲載を希望されないエグゼクティブ層の求人をメインに対応しています。また、海外進出した日系企業の多くが現地化を進めており、マネジメントができる日本人の需要が急増しているため、２０１４年から海外勤務求人専門のＷｏｒｋｉｎｇａｂｒｏａｄというウェブサイトも開設しました。

後者は英語や現地の言語を話す能力を現時点では持っていなくても、海外でチャレンジしたいという意思を持つ日本人転職希望者や日本の商習慣を理解している外国人転職希望者もターゲットとしており、学生が海外留学するように、海外で仕事をしてスキルを積むチャンスを提供するサービスです。

現在ヒューマングループはＨＲ領域において、上海、ジャカルタに進出しており、当社はそれらの拠点と連携して、国際人材紹介にも取り組んでいます。日本から海外、海外から日本という双方向に人材を紹介する事業です。２０１４年5月に開始して、すでに実績も挙げています。グループシナジーを活かした展開に力を入れたことで、現地のクライアントも訪問するようになりました。

私が新卒で就職したのはリクルートです。最初の11年間は教育関係の広告事業を担当し、専門学校を対象にコンサルティング営業をしていました。その後、社会人教育の媒体である「ケイコとマナブ」担当に異動となり、営業や編集者、編集長も経験しました。入社からずっと大阪と名古屋での勤務でしたが、最後の2年間は東京で営業統括を担当しました。2008年で社歴19年となり長く居すぎたと感じて、次の就職先も決めずに退職しました。それまでは紙媒体がメインでしたが、次はIT系に行きたい。グローバルな舞台を試してみたいという思いもありました。しかし、42歳という自分の年齢を考えると後者は厳しいとも考えていました。

その後、希望通りIT系企業のIMJに入社しWeb系広告事業に携わります。2年目が終わろうとする頃、IMJが福建省の厦門市（シャーメン）にある会社を買収しました。シャーメンへ赴任予定だった取締役が突然退職。誰も行く人がいないと聞きつけて「是非行きたい」と手を挙げました。中国本土に行ったことはなく、ほとんど予備知識はありませんでした。もちろん中国語は分かりません。それでも45歳でこのようなチャンスが巡ってきたのだから、逃す手はないと思いました。

最終的に私の赴任が認められ、シャーメンの会社を経営しながら、上海に会社を作るというミッションが課されました。後からもう1人日本人を派遣すると言われ、私だけまず中国に渡りましたが、結局それは翌年になり、私は1人で、シャーメンの会社経営と、上海で会社を立ち上げなければならなくなったのです。

何をするにしても1人でやらなければならないのは大変ですが、いい経験になりました。1人でいたからこそ言葉も上達したと思います。当時はタクシーに乗る前に行き先をGoogle翻訳で調べ、発音を50回くらい聞いて覚えました。それでもタクシーに乗った瞬間に忘れてしまうのですが。日本にいる時に、ピンインと言って、中国語の発音をアルファベットを使った記号で表現したフリガナのようなものの読み方は習得していったので、書き取りはなんとかできました。

日本で「中国に行く」と話すと「反日は大丈夫？」と心配されたのですが、実際に行ってみるとむしろ日本の「反中」の方がよほど強烈だと感じました。

他にも驚いたことは数限りなくあります。例えば上海の地下鉄に乗っていて、老人や妊婦、子どもが立っていたら、ほぼ100％の確率で座っている人の誰かが席を譲ります。こうした光景を目にするたびに、自分はいかに中国を知らないか思い知らされます。

仕事に対する感覚についても、日本人と中国人では明らかにギャップがあります。ただし、私は「人というのはそんなに変わらないものだ」と思うようになりました。

彼らをマネジメントするのは、簡単ではありません。日本なら15分で済む会議がうっかり5時間に及んでしまったりします。

しかしこれはロジカルなルールがないせいです。ロジックは世界共通の言語であり、ロジカルにきちんと説明していけば多くの問題が解決していきます。

彼らが「お金が欲しい」とハッキリ言うことに対しても、日本人は戸惑います。しかし、彼らはただストレートに物を言っているだけだと分かれば、驚かなくなります。

45歳からの海外でもチャンスは大きかった

最初の頃は自分が必死だったので単身赴任でしたが、1年近く経って落ち着いてきたのでようやく家族を呼び寄せました。すると約1週間後に社長が訪ねて来て、上海の会社を閉めると言われたのです。日本の親会社がMBOをして、新しく着任した新会社の上層部が入れ替わったからとのこと。しかし、中国に来てまだ1年、これでは何をしに来たのか分からないと思い、残りたいと言いましたが、決まったことは覆せませんでした。

リクルート時代からのお付き合いのおかげで、中国にいる間にヒューマングループへ転職することができました。一度帰国したら気力が続かないと思っていたので、現地で転職できたのはとても幸運でした。

その後1年かけて中国法人数社の課題解決と体制整理を上海と天津を舞台に行っていましたが、日本本社より帰国するように言われ、2013年4月から今の会社Daijob

に着任となりました。

海外で働くことの良さとして、私自身が経験したのはまず自分の世界観の変化です。それまでは日本を中心とした物の見方しかできませんでしたが、視座が高くなり、世界を俯瞰できるようになりました。少し世界が小さくなったような感覚です。

マーケットのパワフルさも、日本では経験のないものでした。日本での仕事には必ず閉塞感がつきまとっていましたが、中国ではそれが一切ない。日本に戻ってきてからも、その感覚で働いています。

そして、「人脈」という言葉では表しきれないくらい、とんでもなく濃い繋がりがあちこちで生まれました。僅《わず》か2年間の滞在でしたが、日本人でも中国人でも知り合った人たちは今もほぼ全員と繋がっています。彼らに何かお願いされたら私も頑張りますし、こちらが頼めば必ず応援してくれて力を貸してくれます。例えば私がジャカルタなど他の国に行った時にも喜んで手助けしてくれました。日本で出会っていたら、このような濃い繋がりは生まれなかったでしょうし、中国にいたからこそ出会えた人もたくさんいます。

私のように、45歳から海外に出てもこれだけたくさんのことを経験し、人との繋がりを得ることができたのですから、若い人が行けばもっともっとチャンスがあるはずです。

人との繋がりを作りやすかったのは、私を中国へ行かせてくれた上司のおかげでもあります。彼から「お前は現地に何の基盤もないから、友達を作るために毎月20万使え」と言われていたのです。その言葉に嘘はなく、使い切れないとその上司から突然電話かかってきて「お前、なに肝臓休めているんだ！」と怒られたくらいです(笑)。

日本は能力を伸ばしにくい傾向があります。例えばアメリカで小学生が時速150キロのボールを投げたら、きっとそのままプロの野球選手になれます。ところが、日本では中学野球、高校野球というプロセスを経ないとプロにはなれません。

リクルートで教育関係の広告事業に携わっていた時、学歴社会のボーダレス化を目指し、学歴以外の価値を生み出せるような学校づくりを推進していました。今でもそれは大切な視点だと思っています。相変わらず大学の序列は存在し、それがその後の進路に影響することも当たり前です。

状況を変えるために、日本の学歴とは関係のないところに飛び出して留学するというのもひとつの選択肢です。しかし欧米への留学はコストが高いし、アジア留学も勇気がいる。そうやって学生時代に踏み切れなかった人こそ、海外で働いてみてほしいと思います。

現地採用で就職すれば、留学とは反対にお金を稼ぎながら自分のキャリアを磨けます。

日本国内にしかない企業で出世しても、世界で通用するバリューはなかなか身につきませんが、海外で働いて獲得するバリューは普遍的で、一生身を助けてくれます。

もちろん何の覚悟や目的もなく行くのは危険です。しっかりとした目的を持ち、「この2年間」などと自分の中で区切りを決めて、是非思い切って飛び出していってほしいと思います。

インタビュアーの目線

新卒から20年にわたり、リクルートで勤めた後、45歳にして初めての海外勤務を経験したという篠原さんに、同世代の大人は大いに発奮すべきでしょう。しかも、ただ海外で働いたというだけでなく、言葉の壁を乗り越え、人脈をつくり、現地のビジネス慣習を学ぶなど、とてつもない成長をされていることに、同世代の私はただ脱帽するばかりでした。

森 晋吾

豫洲短板産業株式会社
代表取締役

Shingo Mori

1973年、大阪府生まれ。趣味はゴルフ。主に産業機器や車両に多用されるステンレス等の特殊金属を扱う専門商社「豫洲短板産業株式会社」(1933年創業)の3代目社長。常時1万点強を在庫し、自動倉庫やITシステムを駆使した即納体制で、細分化されていく顧客ニーズに応え続ける。また、創業以来「みんなで豊かになろう」という想いと感謝の心を大切にし、事業を通じた社会貢献を経営理念に掲げ、お客様に喜んでいただく経営方針を実践している。直近は、アジアを中心に拠点を展開するグローバル化を図りつつ、「自然共創態」という地球との共存共栄を目指す哲学のもとに、ecoを本業にすべく環境カテゴリーの事業化を推進している。

CONTACT

〒555-0041
大阪府大阪市西淀川区中島2-10-154
06-6473-1881
http://www.yoshu.co.jp/

会社の文化を変えずまったく新しいことをする

味わったことのない開かれた世界へ

当社がメインとしている事業はステンレス鋼材の卸売です。1933年に祖父が愛媛県で機械工具および金物店を創業してから、長らく工業分野に関わってきました。約50年前からは、ステンレス専門の会社としてやっております。

私は大学卒業後にまず広島の同業者のところで修行し、さらに2年ほど商社で勉強させてもらいました。海外進出を考え始めたのは、商社でいろいろな情報を得るようになった頃です。2001年に当

POINT

- モノの良さだけでは納得してくれない文化もある
- アジアの開かれた市場で自分の閉塞感に気づかされる
- 海外からの流通の垣根が低くなる前に進出して足固め

社に戻ると、社長になる前から折に触れ「海外に出る」という話をするようになりました。鋼材の卸売業者が海外に出て行くのは珍しいことで、あまり前例がありません。先代社長である父は今でも「自分ならやらない」と言ってました。「若さがなければできない」という含みがあるにしても、本音だと思います。しかし、私が海外進出に向けてチャレンジするのを見守ってくれました。

現在は国内外の鉄鋼メーカーが作った製品を日本にストックして卸すのが本業ですが、2010年の上海子会社設立を皮切りに、バンコク、ホーチミンと3ヵ所の海外拠点を設立しました。また、中国では火力発電所向けプラントの補修工事に加わるなど、卸売り以外にも事業を広げてきました。

実際に中国視察を始めたのは2005年頃です。当時、業界には「2006年問題」が囁かれていました。2006年には中国で鉄鋼材の生産力が需要を上回り、余剰製品が日本市場に流入すると。これを機にメーカー再編の時代が来れば、卸売業も統合されたり廃業したりする会社がきっと出てくるし、中国に限らずアジアでの競争に勝たなければならなくなる。生き延びるには国内でトップシェアを取り、海外進出をするほかないと言われていました。しかし国内ではそれなりの売上はあっても、海外については未知数です。噂に翻弄されて不安だけが膨らんできました。こうした危機感から中国への視察に踏み切ったのです。そしてその成長市場を見て「これは日本にいたらあかんな」と思ったのです。

私はバブル期に仕事をしたことがありませんが、きっとこういう世界だったのだろうと思いました。そして、これまで自分がいかに閉塞感の中でしか仕事をしてこなかったのかと思い知ったのです。自分では高いモチベーションを持って働いてきたつもりでした。しかし、これだけ開かれた世界ならもっと可能性を感じながら仕事に取り組めただろうという気がしました。

そこで最初は半年に1回ほど中国に出かけて、いろいろな方と会いました。その間にも街がみるみるきれいになり、昨年行った会社が今年は工場を2倍に増床しているといった激しい変化を目の当たりにしました。

やがて上海に拠点を作り、私も2ヵ月ごとに現地を回るようになりました。私が実際に行動することで海外進出ということがイメージできていなかった社員たちを、共に行動するメンバーとして巻き込んでいった感じです。メンバー以外の社員にも海外進出という新たな分野へのチャレンジがイメージしてもらえるようになりました。こうして徐々に海外展開は現実のものとなっていったのです。

家業を継いだ私が、会社の文化を変えずに、これまでと違うこと、新たな分野へのチャレンジを試みています。そのたびに私が要求することは、これまで社員誰しもが経験したことがないことなので、長く当社を知る社員ほど戸惑いはあると思います。それでも、ここまで展開してくることができました。

中国への進出を試みるにあたり、最初は日本の鉄鋼メーカーの高い技術力をアピールして売り込んだのですが、まったく受注が取れませんでした。すでに成熟したローカル市場に、海外から参入するだけでも難しいことですが、「良い材料が喜ばれるわけではない」という日本とのギャップに驚かされます。つまり、日本の品質基準はマーケットインで求められているものではなかったのです。

そこで卸売業として、中国の材料をどうやって売っていくかも考えることにしました。もちろんローカルでの仕入れという新たなチャレンジがあり、これをクリアしてようやく先に進めるようになります。

また鋼材に日本の優れた技術を加えることも始めます。私たちのお客様の中に、非常に特徴的なチタン加工の特許技術を持つ会社があり、環境問題への対応もできているので、その権利を取得して中国に持ち込むことにしたのです。

幸い現地に営業力も技術力もあるパートナー企業を見つけることができました。そこで世界中のどこにもない唯一無二の加工技術の指導をして、中国火力発電プラントの「煙突補修」に活用できるようになりました。私自身は、最近はこのパートナー企業とのやりとりがかなり増えています。

私たちの基準をクリアしたものが日本より安くできて、流通させることができる。中国にとってもプラスとなる事業ですから、中国の人たちにも応援してもらっています。

まずは「アジアの豫洲」と呼ばれるように

海外でも日本でもさまざまな人との出会いと応援があって、一歩ずつ進んできました。そして今は主に現地で活躍する社員たちの働きによって、前進しています。

現地に行っている社員の多くが若手です。大阪にいればそもそも市場があり、上司もいる。その守られた環境を出て、それぞれ苦労してもらっています。もちろん大阪で仕事をしていても苦労はありますが、外に出るともっと違う苦労がある。だからこそ彼らから前向きな言葉を聞けると、私としては本当に嬉しく思います。

中国市場でのチタン加工事業がうまくいくようになったのは、現在は大阪の海外事業部で営業をしている張彤さんが活躍してくれたからです。中国で仕事をしたいと言い出した頃に、まだ大学院にいた彼を紹介されて通訳を頼みました。日系企業に勤めてから日本の大学・大学院を出た彼は私と同じ歳。お互い30代半ばからの付き合いです。

彼が上海の拠点を支え、ローカルの大企業から材料を仕入れるルートを作るという難しいことにも力を貸してくれました。

外国人がローカル市場で仕入先を見つけようとしても、まずどこと交渉をすべきか分かりません。仮に相手を見つけても、価格交渉をするにはそれなりに人脈や実績がないと交渉のテーブルにもつけないのです。

人間関係を作るために、たくさん会食しました。食事をして酒を飲む席で人間を見るというのは、どこの国でも同じでしょう。それでも一番大事なのは紹介者ですから、とにかく人との繋がりをたくさん作っていくということが必要でした。メーカーでもなく、流通業にしても当社の企業規模の会社が進出したいというのは珍しいこともあってか、どこに行っても応援してくれる人たちが出てきました。それはありがたいことだと思います。

最初に上海の社長になっていただいたのは福田覚さんです。大手メーカー商社のＯＢで、中国でお会いした時は現地法人の社長でしたが「もう引退して帰る。老後のために家や畑も買ったからこれからはのんびり過ごす」という話でした。その後、私はその老後の家に押しかけ「上海に会社を作ったので、社長になってください！」とお願いしたのです。視察を始めてからのお付き合いで、経緯をご存知だったこともあり、再び中国に戻ることを引き受けてくださいました。

バンコクの会社は２０１３年2月に設立しましたが、法人化までは意外にスムーズでした。現地で長く会社経営をしている日本人と組むことができて、いろいろと教えていただけたのです。

社長となった北原一さんは、大阪で当社の商品の一次加工をしている協力会社の社長でしたが、「俺がやる」とおっしゃってくださいました。すでに53歳ですが「最後のチャレンジだ！」と。彼の技術と私たちの材料のノウハウで、これから勝負をかけていきます。

ホーチミンはまだ工場ができたばかりです。ＡＳＥＡＮのどこかに加工と在庫の両方まかなえる大きな拠点が欲しいと考えていて、一番大きな規模の工場を作りました。中国では特に隙間を探して入り込むようにビジネスをしてきましたが、ベトナムについては同業者がほとんどいないため、むしろ「早く来てほしい」と言われていました。

タイやマレーシア、インドネシア、シンガポールはすでに成長市場ですが、ベトナムやミャンマーはまだまだこれからの市場ですし、ラオスやカンボジアはさらに遅れています。こうした国々でも、これから先行者利益を得るべく進出していく予定です。

今、国内の売上は１２０億円です。２０２３年までには海外のプラント事業や材料の流通を中心にグループの売上を現在の10倍、1000億円にしたい。そして次の10年には鋼材流通だけで1000億円の売上にしたいと考えています。人口やGDPから計算しても、十分に可能性ある市場です。

流通業はこれからどんどん垣根が低くなり、海外からの調達も当たり前になるでしょう。まずはアジアにしっかり根ざした流通をして「アジアの豫洲」となりたい。その次はヨーロッパやアメリカにも進出したいと考えています。

インタビュアーの目線

ITでもインターネットでもない、鋼材の卸売業が海外に出て行くのは珍しいゆえ、並々ならぬご苦労があったかと容易に察せられますが、それでも実行に移し、成果が出るまで粘りに粘った森さんの胆力もまた、並々ならないものだと思います。初めは半信半疑だった社内も一枚岩になった今、伝統と革新を併せ持った同社の展開がますます楽しみです。

須田 健太郎

株式会社フリープラス
代表取締役社長

Kentaro Suda

1985年、マレーシア・クアラルンプール生まれ。日本人の父とマレーシアの華僑である母を持ち、幼少期をマレーシア、インドネシアのジャカルタで過ごす。10歳より日本に定住。大学中退後の2007年、自分が生きた証として、世界中に幸せを生み続ける世界企業を創ることを決め、22歳で株式会社フリープラスを設立、代表取締役に就任。2010年、訪日旅行事業に参入、『日本の観光立国を成し遂げ、日本のファンを世界に広げ、日本の元気の原動力となる』ことを使命とし、訪日観光関連事業への展開を進めている。

CONTACT

〒530-0004
大阪府大阪市北区堂島浜1-4-19 マニュライフプレイス堂島 2F
06-6147-3080
http://www.freeplus.co.jp/

日本のファンを世界に広げ、この国の元気の原動力になる

インバウンドに特化した唯一無二のベンチャー企業

弊社は、訪日外国人客の受け入れを専門とする旅行事業、いわゆるインバウンド事業を展開しています。この事業を始めて5期目にあたる今期は、中国、台湾、香港、そしてＡＳＥＡＮ諸国を中心に、西はインド、南はオーストラリアまで16ヵ国、6万人弱の観光客を海外から受け入れる予定です。その9割以上は団体ツアー客であり、弊社は団体ツアーの商品を企画し、外国人観光客が訪日後に利用する移動手段や宿泊施設、飲食店やガイドなど、ツアーに必要なことの手配すべてを包括的に請け負っています。

POINT

- ビジネスモデルは動きながら見つける
- 生きている証を地球に残そう
- 日本の若者として、海外で日本のムーブメントを起こす

ランドオペレーターといわれる海外旅行の現地手配を行うビジネス自体は35年ほど前から存在し、特に目新しいものではありません。もともとは、留学生や通訳として日本にやってきた外国人が母国からの依頼をきっかけに事業を始めたというところが大半で、事業を拡大しようという志や企業理念までを持ち合わせている会社は少ないと思います。そして、そんな業界に外部から新規参入したのは、私たちＦＲＥＥＰＬＵＳ以外にはありません。その意味では、非常に新規性のあるビジネスとも言えます。大手の旅行会社をはじめ、ライバルがほとんどいなかった市場で、インバウンド事業開始の初年度はたった２人だったお客様が、５期目にして６万人に迫るまでになったわけです。

成人式の夜に迎えた世界企業への第一歩

起業しようと決めたのは20歳の時です。それまでは、将来に対する夢も特になく、なんとなく大学に行き、授業に適当に出てという、どこにでもいる大学生でした。そんな折に成人式を迎え、同窓会ですごく楽しい時間を過ごしたんです。そして、「今日は楽しかったな、こんな楽しい日が次はいつ来るんだろう」と思った時に、ふと成人式はもう二度と来ないという当たり前のことに気づきました。成人式どころか、21歳も22歳も一度きりであって、その先には死しかない。そのことが急に現実味を帯びて愕然としました。今の自分のまま死んでしまったら、生きていた意味がまったくない。そして、どうせいつかは死ぬのなら、せめてそれまでのプロセスを価値のあるものにしたい、地球に自分の痕跡を残したいと思いました。とはいえ、自分の人生を振り返ってみて、昔から好きだった音楽でも陸上競技でも地球にインパクトを与えるのは難しい…。それが、その日の結論でした。

「俺の人生どうしよう」

そう悩んでいたある時、テレビのニュースに、ライブドア社長(当時)の堀江さんや楽天社長の三木谷さんが出ていました。それまで、社長といえば〝白髪のお年寄りが判子をついているイメージ〟を持っていたので、若くエネルギッシュな社長像に衝撃を受けました。それから、さまざまなビジネス書や社長本を読み、年齢に関係なく、お金がなくても、アイディアと行動力、そして勇気さえあれば会社を興せることを知りました。その時に気づいたんです。個の才能が世界レベルでなくても、自分より優秀な人を集めれば、世界的な企業を作れるんだと。そして、自分がこの世を去った後も、その会社が幸せな人を世の中に生み出し続けることで、世界に貢献できると。そのために起業して世界企業をつくろう。そのために生きよう。そう決めたのは、成人式のあった1月の終わりでした。

同じ年の12月、社会やビジネスの仕組みを一日も早く学ぼうと、大学を中退し、翌年4

月にITエンジニアを派遣するベンチャー企業に入社します。そして、約1年の在職期間を経て、当初の予定よりも早い2007年6月に株式会社フリープラスを創業しました。当初の主力事業は、以前の勤務先で経験していたITエンジニアの派遣です。立ち上がりは順調で、1年目で数億円を売り上げ、利益も出すことができました。2年目に入っても、その勢いは止まらず、当時はすっかり天狗になっていたものです。

しかし、2008年にリーマン・ショックが起こります。2～3ヵ月もすると取引先のメーカーでもリストラが始まり、同時に派遣社員の需要も激減。社員の頑張りも空しく業績は悪化の一途を辿り、毎月百万円単位の赤字が出るようになりました。順調そのものだった経営に、このままでは数ヵ月後に倒産するという現実が襲いかかります。私は迷いました。無借金経営だったし、今なら会社をたたんでも何の痛手もなく大学に戻って、仲間には武勇伝を語れるだろう。親も安心するに違いない。そして何より、銀行から借り入れをしてまで踏ん張っても結果が出なかった時に、借金だけが残る未来が怖かったのです。

そして、当時入社1年目だった現在の役員を公園に呼び出し、初めて倒産の危機を打ち明けました。すると思いもよらない言葉が返ってきたのです。「じゃあ土日にみんなでバイトしましょう。社長も一緒に」確かに当時のコストは大半が人件費です。バイトで生活費さえ稼げれば、会社は当分生き残れると言う彼の言葉に目が覚めました。「世界企業をつくる」と宣言していた私の夢や可能性に懸けて、わずか13畳の頼りない我が社に入社してくれた社員がいるのに、自分の未来のために会社を清算しようと考えていたことが恥ずかしくなりました。そして、「失敗したら、俺はそれまでの男だ」と腹を括ったのです。

すぐに銀行から運転資金を調達すると、リーマン・ショックの最中でも急成長していたインターネット広告に目をつけ、ＳＥＯ事業をスタートさせました。専門書と首っ引きで始めたまったくの新規事業でしたが、社内のリソースを集中させ、他社のＳＥＯ部門を買収するなどして、３期目には黒字化できました。さらに４期目で安定的な収益を得られるようにまでなったのです。

日本を元気にするのは将来を担う私たち若者の義務

ようやく経営が安定してきたところで、そもそも何のために会社を始めたのか、思い返してみました。世界企業をつくるというあの日の思いをです。そして、これからの自分の人生を懸けてもいいと思える事業の条件を３つ挙げました。

まずひとつ目は、ＢtoＣであること。仕事を通して、人に温かみや喜び、幸せを届けることができるのは企業向けではなく、やはり個人向けであると考えたからです。ふたつ目は、最初からグローバルに展開できること。3つ目は、日本を元気にできることでした。当時は、日本のGDPが中国に追い抜かれ、家電メーカーも海外メーカーの後塵を拝するようになり始めた頃です。世界企業をつくって日本を元気にしたい…。いや、元気にしなければならないという義務感に突き動かされました。

というのも、今の日本が世界指折りの平和で安全な経済大国となったのは、私たちの先達が戦後、死に物狂いで頑張ってくれたおかげです。それなのに現代に生きる私たち若者が自分たちのことばかり考えていていいのか。日本を元気にするのは、将来を担う私たちの義務だと思うのです。

以上3つの条件から導き出されたのが、現在の訪日観光事業です。一般的に国民1人あたりGDPが1万ドルを超えると旅行需要が活発になると言われますが、アジア各国の経済は軒並み伸展していたし、何よりアジアの人たちにとって日本は魅力的な国です。正直、それまで旅行が好きだったわけではないのですが、この市場は確実に伸びると思いました。

こうして2010年7月、私は単身上海へ渡り、「日本の旅を通じて人生に残る思い出をプレゼントしたい」という一心で、中国の旅行会社へ電話営業を開始。そして3ヵ月後には、背水の陣を敷く覚悟で、会社の資産の半分を投じて子会社を設立しました。けれども、実績のない当社を受け入れてくれる先はそう簡単には見つかりません。そんな中、「須田さんの夢を応援したい」という北京の旅行会社の方が現れ、自らの利益を度外視して、私にインバウンドビジネスのノウハウを教えてくれたのですから、ありがたい限りです。

しかし、事業開始から5ヵ月目には東日本大震災が起こり、マーケットは一時壊滅状態に陥りました。それでも、東南アジアの旅行需要は拡大すると確信していたので、マーケットが動かない今こそ、あえて動くべきと考え、現地を一ヵ国ずつ訪問しました。まだまだ先行投資段階で利益も出ていませんでしたが、新卒社員を3名採用、翌年にはミャンマー人やタイ人、ベトナム人を積極採用したことが奏功し、3年目には黒字化を達成しました。初年度にわずか2人だったお客様が6万人にも迫ろうとしている今、確信は現実のものになろうとしています。

改めて私たちの強みを挙げるならば、それはインバウンド事業に特化して、訪日外国人客という〝母数〟を押さえていることです。旅行事業で受け入れ母数を押さえていれば、今後インバウンド市場における他事業への参入をスムーズに行うことができると考えています。

たとえば、海外16ヵ国1500社の旅行代理店や年間約6万人にもおよぶ外国人客に対するマーケットリサーチの依頼がすでに大手企業から舞い込んできています。将来的には数万単位の送客を背景に、ホテル業などへの参入も視野に入れています。

先達が築いてくれた日本の魅力を最大化する。それが私たちの使命です。日本の観光立国化がもはや国策である今、私たちは、日本のファンを世界に広げて、この国の元気の原動力になっていきます。

インタビュアーの目線

「ザ・アブローダーズ」ともいうべき生い立ちもあるのでしょうか。須田さんの発言はいつも明確であり、視野の広い世界観を感じさせます。また、和魂洋才の趣があるオフィスも、その細部に至るまで須田さん自身のアイディアが反映されているそうで、こうしたホスピタリティやデザインのセンスも、会社躍進のカギになっているような気がしました。

「アジアで働く」という生き方の選択肢を増やす！

初めまして。ＡＢＲＯＡＤＥＲＳ編集長の濱田真里です。私がアジアでの就職に興味を持ったのは大学4年の実際就職活動を行っている時でした。大手企業に入ることだけが正解のような風潮に疑問を持ち、もっと多様な働き方があるのではないかと考えたのがきっかけです。自分がいつか働いてみたかったアジアで働く日本人の方たちに直接会ってお話を伺いたいと思うようになりました。

そして２０１１年から、海外で働く日本人の方たちへのインタビューを開始し、今までに40ヵ国以上の国を回ってきまし

ABROADERS http://www.abroaders.jp/

週刊アブローダーズ　http://www.abroaders.jp/weekly

た。国によってインフラや産業の発展度、治安や人々の教育レベルなど、抱える問題はさまざまありますが、だからこそ日本人の私たちが必要とされる場所もあります。「アジアで働く」ことを働き方のひとつの選択肢として広めるために、『ABROADERS』と『週刊アブローダーズ』という情報サイトを運営しています。現地情報や住んでいる人の声を取材に行って直に聞き、サイトで発信することで、アジアで働きたい日本人の方たちを応援しています。どの国で、誰と、何をして生きるか。是非、広い世界の中から自分だけの生き方を見つける時に、アジアという地域でお手伝いできることがあれば嬉しいです。

あとがき

この本の取材は、東京・大阪、そしてホーチミン・プノンペン・バンコク・シンガポール・マニラ・セブ・上海の全7ヵ国・9ヵ所にわたって行われました。

特に海外での取材は4週間で6ヵ国・7ヵ所を一気に回る行程です。周囲の人からは「滅茶苦茶ハードですね！」と気にかけていただきますが、確かに体力的にキツく感じることはあるものの、実はその苦労以上に楽しくて仕方がないロードでもあるのです。

楽しさの一つは、4週間という短期間で東南アジアを浅く広く、点ではなく面で見ることができることにあります。短期間に何ヵ国も回るという意味では、ヨーロッパ周遊旅行はすでに一般的ですよね。それと何ら変わりません。

ASEANと一括りにされがちですが、似ているところもあれば、まったく似ても似つかないところもある国々をホッピングしてみると、一つの国に滞在しただけではわからない発見もあって、ワクワクするものです。

そしてもう一つ、各国で生き生きと仕事をしているアブローダーズに会えることは、何にも勝る楽しみです。Ｇｏｏｇｌｅ Ｍａｐを頼りに仕事場へお邪魔し、現地ならではのホットでリアルなケーススタディを何通りも聞けるのですから、これはもう役得以外の何物でもありません。

しかもグローバルなコミュニケーションで鍛えられたアブローダーズの方々は、誰もがオープン。本には書けない面白エピソードの独白は数知れず、中には取材を通じて友達付き合いをさせていただけるようになった方もいます。

今回も世界中でたくさんのアブローダーズの方々にご縁とご協力をいただきました。ここで改めて御礼を申し上げます。

中でも巻頭インタビューにご登場いただいた特定非営利活動法人ジャパンハートの吉岡先生には、国内外での医療活動に飛び回られている間隙を縫って、心を打つお話を聞かせていただきました。おかげさまで海外において日本人がどう在るべきか、本書の巻頭を飾るにふさわしいページとなりました。

そして私とともにインタビューに同行し、原稿を起こしてくれた岸本明子さん、いつも一番の笑顔を追い続けてくれたカメラマンの髙橋亘さん、その人の魅力を最大限に引き出してくれたヘアメイクアップアーチストの長田恵子さん、渡邉文さん、国内外に及ぶ煩雑な取材日程を調整し、さまざまな場面でフォローしていただいた株式会社ネオキャリアの濱田真里さん、野崎奈美さん、椛田悠子さん、編集にご協力いただいた梶本愛貴さん、小沼朝生さん、休日返上で編集作業をしてくれたマネーコンフォート株式会社の福岡真理子さん。

全7ヵ国・9ヵ所に及ぶ取材が大過なく完了し、こうして出版にまで漕ぎ着けられたのは、皆さんのおかげです。本当にありがとうございました。

２０１５年5月

インタビュアー／ストーリーズ代表
垣畑 光哉

[監修]

西澤亮一（にしざわりょういち）
株式会社ネオキャリア　代表取締役
アブローダーズ事務局　事務局長

1978年生まれ。2000年11月、新卒同期9名で株式会社ネオキャリアを設立。2002年、代表取締役に就任。「人材・ヘルスケア・Web・グローバル」領域にて、世界を代表するサービスカンパニーの実現を目指す。2012年より人材紹介を中心とした海外事業をスタート。国内28拠点、海外8ヵ国11拠点へ展開し、従業員数1300名を超えるグループ企業として成長をし続けている。

[インタビュアー]

垣畑光哉（かきはたみつや）
「ストーリーズ」代表
マネーコンフォート株式会社　代表取締役

大学卒業後、外資系金融機関勤務を経て、2001年にマネーコンフォート株式会社を創業。現在、各分野のプロフェッショナルや成長企業の経営者への取材コンテンツをウェブと書籍で発信するプロジェクト「ストーリーズ」を展開。国内外を取材に飛び回る日々を過ごす。著書に『小さな会社のための「お金の参考書」』『10年後に後悔しない働き方　ベンチャー企業という選択』『メンター的起業家に訊く　20代に何をする？』（すべて幻冬舎刊）などがある。

世界を動かすアブローダーズ
日本を飛び出し、海外で活躍するビジネスパーソンたち

2015年5月14日　第1刷発行

監　修――――――西澤亮一
発行所――――――ダイヤモンド社
〒150-8409　東京都渋谷区神宮前6-12-17
http://www.diamond.co.jp/
電話/03-5778-7235（編集）　03-5778-7240（販売）
装丁＆本文デザイン――加藤杏子（ダイヤモンド・グラフィック社）
製作進行――――――ダイヤモンド・グラフィック社
印刷――――――――加藤文明社
製本――――――――ブックアート
編集担当―――――福島宏之

ISBN 978-4-478-06592-1